HOLANDÊS
VOCABULÁRIO

PALAVRAS MAIS ÚTEIS

PORTUGUÊS
HOLANDÊS

Para alargar o seu léxico e apurar
as suas competências linguísticas

5000 palavras

Vocabulário Português-Holandês - 5000 palavras
Por Andrey Taranov

Os vocabulários da T&P Books destinam-se a ajudar a aprender, a memorizar, e a rever palavras estrangeiras. O dicionário é dividido em temas, cobrindo todas as principais esferas de atividades quotidianas, negócios, ciência, cultura, etc.

O processo de aprendizagem, utilizando os dicionários baseados em temáticas da T&P Books dá-lhe as seguintes vantagens:

- Informação de origem corretamente agrupada predetermina o sucesso em fases subsequentes da memorização de palavras
- Disponibilização de palavras derivadas da mesma raiz, o que permite a memorização de unidades de texto (em vez de palavras separadas)
- Pequenas unidades de palavras facilitam o processo de estabelecimento de vínculos associativos necessários para a consolidação do vocabulário
- O nível de conhecimento da língua pode ser estimado pelo número de palavras aprendidas

Copyright © 2019 T&P Books Publishing

Todos os direitos reservados. Nenhuma parte desta publicação pode ser reproduzida, total ou parcialmente, por quaisquer métodos ou processos, sejam eles eletrónicos, mecânicos, de fotocópia ou outros, sem a autorização escrita do editor. Esta publicação não pode ser divulgada, copiada ou distribuída em nenhum formato.

T&P Books Publishing
www.tpbooks.com

ISBN: 978-1-78400-915-1

Este livro também está disponível em formato E-book.
Por favor visite www.tpbooks.com ou as principais livrarias on-line.

VOCABULÁRIO HOLANDÊS
palavras mais úteis

Os vocabulários da T&P Books destinam-se a ajudar a aprender, a memorizar, e a rever palavras estrangeiras. O vocabulário contém mais de 5000 palavras de uso comum organizadas tematicamente.

O vocabulário contém as palavras mais comummente usadas
Recomendado como adicional para qualquer curso de línguas
Satisfaz as necessidades dos iniciados e dos alunos avançados de línguas estrangeiras
Conveniente para o uso diário, sessões de revisão e atividades de auto-teste
Permite avaliar o seu vocabulário

Características especias do vocabulário

- As palavras estão organizadas de acordo com o seu significado, e não por ordem alfabética
- As palavras são apresentadas em três colunas para facilitar os processos de revisão e auto-teste
- As palavras compostas são divididas em pequenos blocos para facilitar o processo de aprendizagem
- O vocabulário oferece uma transcrição simples e adequada de cada palavra estrangeira

O vocabulário contém 155 tópicos incluindo:

Conceitos básicos, Números, Cores, Meses, Estações do ano, Unidades de medida, Roupas & Acessórios, Alimentos & Nutrição, Restaurante, Membros da Família, Parentes, Caráter, Sentimentos, Emoções, Doenças, Cidade, Passeios, Compras, Dinheiro, Casa, Lar, Escritório, Trabalho no Escritório, Importação & Exportação, Marketing, Pesquisa de Emprego, Desportos, Educação, Computador, Internet, Ferramentas, Natureza, Países, Nacionalidades e muito mais ...

TABELA DE CONTEÚDOS

Guia de pronunciação	9
Abreviaturas	11

CONCEITOS BÁSICOS	13
Conceitos básicos. Parte 1	13
1. Pronomes	13
2. Cumprimentos. Saudações. Despedidas	13
3. Como se dirigir a alguém	14
4. Números cardinais. Parte 1	14
5. Números cardinais. Parte 2	15
6. Números ordinais	16
7. Números. Frações	16
8. Números. Operações básicas	16
9. Números. Diversos	16
10. Os verbos mais importantes. Parte 1	17
11. Os verbos mais importantes. Parte 2	18
12. Os verbos mais importantes. Parte 3	19
13. Os verbos mais importantes. Parte 4	20
14. Cores	21
15. Questões	21
16. Preposições	22
17. Palavras funcionais. Advérbios. Parte 1	22
18. Palavras funcionais. Advérbios. Parte 2	24

Conceitos básicos. Parte 2	26
19. Dias da semana	26
20. Horas. Dia e noite	26
21. Meses. Estações	27
22. Unidades de medida	29
23. Recipientes	30

O SER HUMANO	31
O ser humano. O corpo	31
24. Cabeça	31
25. Corpo humano	32

Vestuário & Acessórios	33
26. Roupa exterior. Casacos	33
27. Vestuário de homem & mulher	33

28. Vestuário. Roupa interior	34
29. Adereços de cabeça	34
30. Calçado	34
31. Acessórios pessoais	35
32. Vestuário. Diversos	35
33. Cuidados pessoais. Cosméticos	36
34. Relógios de pulso. Relógios	37

Alimentação. Nutrição   38

35. Comida	38
36. Bebidas	39
37. Vegetais	40
38. Frutos. Nozes	41
39. Pão. Bolaria	42
40. Pratos cozinhados	42
41. Especiarias	43
42. Refeições	44
43. Por a mesa	45
44. Restaurante	45

Família, parentes e amigos   46

| 45. Informação pessoal. Formulários | 46 |
| 46. Membros da família. Parentes | 46 |

Medicina   48

47. Doenças	48
48. Sintomas. Tratamentos. Parte 1	49
49. Sintomas. Tratamentos. Parte 2	50
50. Sintomas. Tratamentos. Parte 3	51
51. Médicos	52
52. Medicina. Drogas. Acessórios	52

HABITAT HUMANO   54
Cidade   54

53. Cidade. Vida na cidade	54
54. Instituições urbanas	55
55. Sinais	56
56. Transportes urbanos	57
57. Turismo	58
58. Compras	59
59. Dinheiro	60
60. Correios. Serviço postal	61

Moradia. Casa. Lar   62

| 61. Casa. Eletricidade | 62 |

62. Moradia. Mansão	62
63. Apartamento	62
64. Mobiliário. Interior	63
65. Quarto de dormir	64
66. Cozinha	64
67. Casa de banho	65
68. Eletrodomésticos	66

ATIVIDADES HUMANAS	**67**
Emprego. Negócios. Parte 1	**67**
69. Escritório. O trabalho no escritório	67
70. Processos negociais. Parte 1	68
71. Processos negociais. Parte 2	69
72. Produção. Trabalhos	70
73. Contrato. Acordo	71
74. Importação & Exportação	72
75. Finanças	72
76. Marketing	73
77. Publicidade	74
78. Banca	74
79. Telefone. Conversação telefónica	75
80. Telefone móvel	76
81. Estacionário	76
82. Tipos de negócios	77

Emprego. Negócios. Parte 2	**79**
83. Espetáculo. Feira	79
84. Ciência. Investigação. Cientistas	80

Profissões e ocupações	**82**
85. Procura de emprego. Demissão	82
86. Gente de negócios	82
87. Profissões de serviços	83
88. Profissões militares e postos	84
89. Oficiais. Padres	85
90. Profissões agrícolas	85
91. Profissões artísticas	86
92. Várias profissões	86
93. Ocupações. Estatuto social	88

Educação	**89**
94. Escola	89
95. Colégio. Universidade	90
96. Ciências. Disciplinas	91
97. Sistema de escrita. Ortografia	91
98. Línguas estrangeiras	92

Descanso. Entretenimento. Viagens	94
99. Viagens	94
100. Hotel	94

EQUIPAMENTO TÉCNICO. TRANSPORTES — 96
Equipamento técnico. Transportes — 96

101. Computador	96
102. Internet. E-mail	97
103. Eletricidade	98
104. Ferramentas	98

Transportes	101
105. Avião	101
106. Comboio	102
107. Barco	103
108. Aeroporto	104

Eventos	106
109. Férias. Evento	106
110. Funerais. Enterro	107
111. Guerra. Soldados	107
112. Guerra. Ações militares. Parte 1	108
113. Guerra. Ações militares. Parte 2	110
114. Armas	111
115. Povos da antiguidade	113
116. Idade média	113
117. Líder. Chefe. Autoridades	115
118. Viloação da lei. Criminosos. Parte 1	116
119. Viloação da lei. Criminosos. Parte 2	117
120. Polícia. Lei. Parte 1	118
121. Polícia. Lei. Parte 2	119

NATUREZA — 121
A Terra. Parte 1 — 121

122. Espaço sideral	121
123. A Terra	122
124. Pontos cardeais	123
125. Mar. Oceano	123
126. Nomes de Mares e Oceanos	124
127. Montanhas	125
128. Nomes de montanhas	126
129. Rios	126
130. Nomes de rios	127
131. Floresta	127
132. Recursos naturais	128

A Terra. Parte 2	130
133. Tempo	130
134. Tempo extremo. Catástrofes naturais	131

Fauna	132
135. Mamíferos. Predadores	132
136. Animais selvagens	132
137. Animais domésticos	133
138. Pássaros	134
139. Peixes. Animais marinhos	136
140. Amfíbios. Répteis	136
141. Insetos	137

Flora	138
142. Árvores	138
143. Arbustos	138
144. Frutos. Bagas	139
145. Flores. Plantas	140
146. Cereais, grãos	141

PAÍSES. NACIONALIDADES	142
147. Europa Ocidental	142
148. Europa Central e de Leste	142
149. Países da ex-URSS	143
150. Asia	143
151. América do Norte	144
152. América Central do Sul	144
153. Africa	145
154. Austrália. Oceania	145
155. Cidades	145

GUIA DE PRONUNCIAÇÃO

Alfabeto fonético T&P	Exemplo Holandês	Exemplo Português
[a]	plasje	chamar
[ã]	kraag	rapaz
[o], [ɔ]	zondag	noite
[o]	geografie	lobo
[ō]	oorlog	albatroz
[e]	nemen	metal
[ē]	wreed	plateia
[ɛ]	ketterij	mesquita
[ɛ:]	crème	plateia
[ə]	tachtig	milagre
[i]	alpinist	sinónimo
[ī]	referee	cair
[Y]	stadhuis	questionar
[œ]	druif	orgulhoso
[ø]	treurig	orgulhoso
[u]	schroef	bonita
[ʉ]	zuchten	nacional
[ū]	minuut	trabalho
[b]	oktober	barril
[d]	diepte	dentista
[f]	fierheid	safári
[g]	golfclub	gosto
[h]	horizon	[h] aspirada
[j]	jaar	géiser
[k]	klooster	kiwi
[l]	politiek	libra
[m]	melodie	magnólia
[n]	netwerk	natureza
[p]	peper	presente
[r]	rechter	riscar
[s]	smaak	sanita
[t]	telefoon	tulipa
[v]	vijftien	fava
[w]	waaier	página web
[z]	zacht	sésamo
[dʒ]	manager	adjetivo
[ʃ]	architect	mês

Alfabeto fonético T&P   **Exemplo Holandês**   **Exemplo Português**

[ŋ]	**behang**	alcançar
[tʃ]	**beertje**	Tchau!
[ʒ]	**bougie**	talvez
[x]	**acht, gaan**	arte

ABREVIATURAS
usadas no vocabulário

Abreviaturas do Português

adj	-	adjetivo
adv	-	advérbio
anim.	-	animado
conj.	-	conjunção
desp.	-	desporto
etc.	-	etecetra
ex.	-	por exemplo
f	-	nome feminino
f pl	-	feminino plural
fem.	-	feminino
inanim.	-	inanimado
m	-	nome masculino
m pl	-	masculino plural
m, f	-	masculino, feminino
masc.	-	masculino
mat.	-	matemática
mil.	-	militar
pl	-	plural
prep.	-	preposição
pron.	-	pronome
sb.	-	sobre
sing.	-	singular
v aux	-	verbo auxiliar
vi	-	verbo intransitivo
vi, vt	-	verbo intransitivo, transitivo
vr	-	verbo reflexivo
vt	-	verbo transitivo

Abreviaturas do Holandês

mv.	-	plural

Artigos do Holandês

de	-	género comum
de/het	-	neutro, género comum
het	-	neutro

CONCEITOS BÁSICOS

Conceitos básicos. Parte 1

1. Pronomes

eu	ik	[ik]
tu	jij, je	[jɛj], [jə]
ele	hij	[hɛj]
ela	zij, ze	[zɛj], [zə]
ele, ela (neutro)	het	[ət]
nós	wij, we	[wɛj], [wə]
vocês	jullie	['juli]
eles, elas	zij, ze	[zɛj], [zə]

2. Cumprimentos. Saudações. Despedidas

Olá!	Hallo! Dag!	[ha'lɔ dax]
Bom dia! (formal)	Hallo!	[ha'lɔ]
Bom dia! (de manhã)	Goedemorgen!	['xudə·'mɔrxən]
Boa tarde!	Goedemiddag!	['xudə·'midax]
Boa noite!	Goedenavond!	['xudən·'avɔnt]
cumprimentar (vt)	gedag zeggen	[xe'dax 'zexən]
Olá!	Hoi!	[hɔj]
saudação (f)	groeten (het)	['xrutən]
saudar (vt)	verwelkomen	[vər'wɛlkɔmən]
Como vai?	Hoe gaat het?	[hu xāt ət]
O que há de novo?	Is er nog nieuws?	[is ɛr nɔx 'nius]
Adeus! (formal)	Tot ziens!	[tɔt 'tsins]
Até à vista! (informal)	Doei!	['dui]
Até breve!	Tot snel!	[tɔt snɛl]
Adeus!	Vaarwel!	[vār'wɛl]
despedir-se (vr)	afscheid nemen	['afsxɛjt 'nemən]
Até logo!	Tot kijk!	[tɔt kɛjk]
Obrigado! -a!	Dank u!	[dank ju]
Muito obrigado! -a!	Dank u wel!	[dank ju wɛl]
De nada	Graag gedaan	[xrāx xə'dān]
Não tem de quê	Geen dank!	[xēn dank]
De nada	Geen moeite.	[xēn 'mujtə]
Desculpa! -pe!	Excuseer me, ...	[ɛkskʉ'zēr mə]
desculpar (vt)	excuseren	[ɛkskʉ'zerən]

desculpar-se (vr)	zich verontschuldigen	[zih vərɔnt'sxʉldəxən]
As minhas desculpas	Mijn excuses	[mɛjn ɛks'kʉzəs]
Desculpe!	Het spijt me!	[ət spɛjt mə]
perdoar (vt)	vergeven	[vər'xevən]
Não faz mal	Maakt niet uit!	[māk nit œʏt]
por favor	alsjeblieft	[alstʉ'blift]
Não se esqueça!	Vergeet het niet!	[vər'xēt ət nit]
Certamente! Claro!	Natuurlijk!	[na'tūrlək]
Claro que não!	Natuurlijk niet!	[na'tūrlək nit]
Está bem! De acordo!	Akkoord!	[a'kōrt]
Basta!	Zo is het genoeg!	[zɔ is ət xə'nux]

3. Como se dirigir a alguém

Desculpe (para chamar a atenção)	Excuseer me, ...	[ɛkskʉ'zēr mə]
senhor	meneer	[mə'nēr]
senhora	mevrouw	[məv'rau]
rapariga	juffrouw	[ju'frau]
rapaz	jongeman	[joŋə'man]
menino	jongen	['joŋən]
menina	meisje	['mɛjɕə]

4. Números cardinais. Parte 1

zero	nul	[nʉl]
um	een	[en]
dois	twee	[twē]
três	drie	[dri]
quatro	vier	[vir]
cinco	vijf	[vɛjf]
seis	zes	[zɛs]
sete	zeven	['zevən]
oito	acht	[axt]
nove	negen	['nexən]
dez	tien	[tin]
onze	elf	[ɛlf]
doze	twaalf	[twālf]
treze	dertien	['dɛrtin]
catorze	veertien	['vērtin]
quinze	vijftien	['vɛjftin]
dezasseis	zestien	['zɛstin]
dezassete	zeventien	['zevəntin]
dezoito	achttien	['axtin]
dezanove	negentien	['nexəntin]
vinte	twintig	['twintəx]
vinte e um	eenentwintig	['ēnən·'twintəx]

vinte e dois	tweeëntwintig	['twēɛn·'twintəx]
vinte e três	drieëntwintig	['driɛn·'twintəx]
trinta	dertig	['dɛrtəx]
trinta e um	eenendertig	['ēnən·'dɛrtəx]
trinta e dois	tweeëndertig	['twēɛn·'dɛrtəx]
trinta e três	drieëndertig	['driɛn·'dɛrtəx]
quarenta	veertig	['vērtəx]
quarenta e um	eenenveertig	['ēnən·'vertəx]
quarenta e dois	tweeënveertig	['twēɛn·'vertəx]
quarenta e três	drieënveertig	['driɛn·'vērtəx]
cinquenta	vijftig	['vɛjftəx]
cinquenta e um	eenenvijftig	['ēnən·'vɛjftəx]
cinquenta e dois	tweeënvijftig	['twēɛn·'vɛjftəx]
cinquenta e três	drieënvijftig	['driɛn·'vɛjftəx]
sessenta	zestig	['zɛstəx]
sessenta e um	eenenzestig	['ēnən·'zɛstəx]
sessenta e dois	tweeënzestig	['twēɛn·'zɛstəx]
sessenta e três	drieënzestig	['driɛn·'zɛstəx]
setenta	zeventig	['zevəntəx]
setenta e um	eenenzeventig	['ēnən·'zevəntəx]
setenta e dois	tweeënzeventig	['twēɛn·'zevəntəx]
setenta e três	drieënzeventig	['driɛn·'zevəntəx]
oitenta	tachtig	['tahtəx]
oitenta e um	eenentachtig	['ēnən·'tahtəx]
oitenta e dois	tweeëntachtig	['twēɛn·'tahtəx]
oitenta e três	drieëntachtig	['driɛn·'taxtəx]
noventa	negentig	['nexəntəx]
noventa e um	eenennegentig	['ēnən·'nexəntəx]
noventa e dois	tweeënnegentig	['twēɛn·'nexəntəx]
noventa e três	drieënnegentig	['driɛn·'nexəntəx]

5. Números cardinais. Parte 2

cem	honderd	['hɔndərt]
duzentos	tweehonderd	[twē·'hɔndərt]
trezentos	driehonderd	[dri·'hɔndərt]
quatrocentos	vierhonderd	[vir·'hɔndərt]
quinhentos	vijfhonderd	[vɛjf·'hɔndərt]
seiscentos	zeshonderd	[zɛs·'hɔndərt]
setecentos	zevenhonderd	['zevən·'hɔndərt]
oitocentos	achthonderd	[axt·'hɔndərt]
novecentos	negenhonderd	['nexən·'hɔndərt]
mil	duizend	['dœyzənt]
dois mil	tweeduizend	[twē·'dœyzənt]
De quem são ...?	drieduizend	[dri·'dœyzənt]

dez mil	tienduizend	[tin·'dœyzənt]
cem mil	honderdduizend	['hɔndərt·'dœyzənt]
um milhão	miljoen (het)	[mi'ljun]
mil milhões	miljard (het)	[mi'ljart]

6. Números ordinais

primeiro	eerste	['ērstə]
segundo	tweede	['twēdə]
terceiro	derde	['dɛrdə]
quarto	vierde	['virdə]
quinto	vijfde	['vɛjfdə]
sexto	zesde	['zɛsdə]
sétimo	zevende	['zevəndə]
oitavo	achtste	['axtstə]
nono	negende	['nexəndə]
décimo	tiende	['tində]

7. Números. Frações

fração (f)	breukgetal (het)	['brøkxə'tal]
um meio	half	[half]
um terço	een derde	[ən 'dɛrdə]
um quarto	kwart	['kwart]
um oitavo	een achtste	[ən 'axtstə]
um décimo	een tiende	[ən 'tində]
dois terços	twee derde	[twē 'dɛrdə]
três quartos	driekwart	['drikwart]

8. Números. Operações básicas

subtração (f)	aftrekking (de)	['aftrɛkiŋ]
subtrair (vi, vt)	aftrekken	['aftrɛkən]
divisão (f)	deling (de)	['dəliŋ]
dividir (vt)	delen	['delən]
adição (f)	optelling (de)	['ɔptɛliŋ]
somar (vt)	erbij optellen	[ɛr'bɛj 'ɔptɛlən]
adicionar (vt)	optellen	['ɔptɛlən]
multiplicação (f)	vermenigvuldiging (de)	[vər'menix·'vʉldixiŋ]
multiplicar (vt)	vermenigvuldigen	[vər'menix·'vʉldixən]

9. Números. Diversos

algarismo, dígito (m)	cijfer (het)	['sɛjfər]
número (m)	nummer (het)	['nʉmər]

numeral (m)	telwoord (het)	[tɛl'wōrt]
menos (m)	minteken (het)	['min·tekən]
mais (m)	plusteken (het)	['plʉs·tekən]
fórmula (f)	formule (de)	[fɔr'mʉlə]

cálculo (m)	berekening (de)	[bə'rekəniŋ]
contar (vt)	tellen	['tɛlən]
calcular (vt)	bijrekenen	[bɛj'rekənən]
comparar (vt)	vergelijken	[vɛrxə'lɛjkən]

Quanto, -os, -as?	Hoeveel?	[hu'vēl]
soma (f)	som (de), totaal (het)	[sɔm], [tɔ'tāl]
resultado (m)	uitkomst (de)	['œʏtkɔmst]
resto (m)	rest (de)	[rɛst]

alguns, algumas ...	enkele	['ɛnkələ]
um pouco de ...	weinig	['wɛjnəx]
um pouco (~ de vinho)	een beetje	[en 'bētʃə]
resto (m)	restant (het)	[rɛs'tant]
um e meio	anderhalf	[andər'half]
dúzia (f)	dozijn (het)	[dɔ'zɛjn]

ao meio	middendoor	[midən'dōr]
em partes iguais	even	['ɛvən]
metade (f)	helft (de)	[hɛlft]
vez (f)	keer (de)	[kēr]

10. Os verbos mais importantes. Parte 1

abrir (vt)	openen	['ɔpənən]
acabar, terminar (vt)	beëindigen	[be'ɛjndəxən]
aconselhar (vt)	adviseren	[atvi'zirən]
adivinhar (vt)	goed raden	[xut 'radən]
advertir (vt)	waarschuwen	['wārsxjuvən]

ajudar (vt)	helpen	['hɛlpən]
almoçar (vi)	lunchen	['lʉnʃən]
alugar (~ um apartamento)	huren	['hʉrən]
amar (vt)	liefhebben	['lifhɛbən]
ameaçar (vt)	bedreigen	[bə'drɛjxən]

anotar (escrever)	opschrijven	['ɔpsxrɛjvən]
apanhar (vt)	vangen	['vaŋən]
apressar-se (vr)	zich haasten	[zix 'hāstən]
arrepender-se (vr)	betreuren	[bə'trørən]
assinar (vt)	ondertekenen	['ɔndər'tekənən]

atirar, disparar (vi)	schieten	['sxitən]
brincar (vi)	grappen maken	['xrapən 'makən]
brincar, jogar (crianças)	spelen	['spelən]
buscar (vt)	zoeken	['zukən]
caçar (vi)	jagen	['jaxən]
cair (vi)	vallen	['valən]
cavar (vt)	graven	['xravən]

cessar (vt)	ophouden	['ɔphaudən]
chamar (~ por socorro)	roepen	['rupən]
chegar (vi)	aankomen	['ānkɔmən]
chorar (vi)	huilen	['hœylən]
comparar (vt)	vergelijken	[vɛrxə'lɛjkən]
compreender (vt)	begrijpen	[bə'xrɛjpən]
concordar (vi)	instemmen	['instɛmən]
confiar (vt)	vertrouwen	[vər'trauwən]
confundir (equivocar-se)	verwarren	[vər'warən]
conhecer (vt)	kennen	['kɛnən]
contar (fazer contas)	tellen	['tɛlən]
contar com (esperar)	rekenen op …	['rekənən ɔp]
continuar (vt)	vervolgen	[vər'vɔlxən]
controlar (vt)	controleren	[kɔntrɔ'lerən]
convidar (vt)	uitnodigen	['œytnɔdixən]
correr (vi)	rennen	['renən]
criar (vt)	creëren	[kre'jerən]
custar (vt)	kosten	['kɔstən]

11. Os verbos mais importantes. Parte 2

dar (vt)	geven	['xevən]
dar uma dica	een hint geven	[en hint 'xevən]
decorar (enfeitar)	versieren	[vər'sirən]
defender (vt)	verdedigen	[vər'dedixən]
deixar cair (vt)	laten vallen	['latən 'valən]
descer (para baixo)	afdalen	['afdalən]
desculpar (vt)	excuseren	[ɛkskʉ'zerən]
desculpar-se (vr)	zich verontschuldigen	[zih vərɔnt'sxʉldəxən]
dirigir (~ uma empresa)	beheren	[bə'herən]
discutir (notícias, etc.)	bespreken	[bə'sprekən]
dizer (vt)	zeggen	['zexən]
duvidar (vt)	twijfelen	['twɛjfelən]
encontrar (achar)	vinden	['vindən]
enganar (vt)	bedriegen	[bə'drixən]
entrar (na sala, etc.)	binnengaan	['binənxān]
enviar (uma carta)	sturen	['stʉrən]
errar (equivocar-se)	zich vergissen	[zih vər'xisən]
escolher (vt)	kiezen	['kizən]
esconder (vt)	verbergen	[vər'bɛrxən]
escrever (vt)	schrijven	['sxrɛjvən]
esperar (o autocarro, etc.)	wachten	['waxtən]
esperar (ter esperança)	hopen	['hɔpən]
esquecer (vt)	vergeten	[vər'xetən]
estudar (vt)	studeren	[stʉ'derən]
exigir (vt)	eisen	['ɛjsən]
existir (vi)	existeren	[ɛksis'tɛrən]
explicar (vt)	verklaren	[vər'klarən]

falar (vi)	spreken	['sprekən]
faltar (clases, etc.)	verzuimen	[vər'zœymən]
fazer (vt)	doen	[dun]
ficar em silêncio	zwijgen	['zwɛjxən]
gabar-se, jactar-se (vr)	opscheppen	['ɔpsxepən]

gostar (apreciar)	bevallen	[bə'valən]
gritar (vi)	schreeuwen	['sxrēwən]
guardar (cartas, etc.)	bewaren	[bə'warən]
informar (vt)	informeren	[infɔr'merən]
insistir (vi)	aandringen	['āndriŋən]

insultar (vt)	beledigen	[bə'ledəxən]
interessar-se (vr)	zich interesseren voor ...	[zix interə'serən vōr]
ir (a pé)	gaan	[xān]
ir nadar	gaan zwemmen	[xān 'zwɛmən]
jantar (vi)	souperen	[su'perən]

12. Os verbos mais importantes. Parte 3

ler (vt)	lezen	['lezən]
libertar (cidade, etc.)	bevrijden	[bə'vrɛjdən]
matar (vt)	doden	['dɔdən]
mencionar (vt)	vermelden	[vər'mɛldən]
mostrar (vt)	tonen	['tɔnən]

mudar (modificar)	veranderen	[və'randərən]
nadar (vi)	zwemmen	['zwɛmən]
negar-se a ...	weigeren	['wɛjxərən]
objetar (vt)	weerspreken	[wēr'sprekən]

observar (vt)	waarnemen	['wārnemən]
ordenar (mil.)	bevelen	[bə'velən]
ouvir (vt)	horen	['hɔrən]
pagar (vt)	betalen	[bə'talən]
parar (vi)	stoppen	['stɔpən]

participar (vi)	deelnemen	['dēlnemən]
pedir (comida)	bestellen	[bə'stɛlən]
pedir (um favor, etc.)	verzoeken	[vər'zukən]
pegar (tomar)	nemen	['nemən]
pensar (vt)	denken	['dɛnkən]

perceber (ver)	opmerken	['ɔpmɛrkən]
perdoar (vt)	vergeven	[vər'xevən]
perguntar (vt)	vragen	['vraxən]
permitir (vt)	toestaan	['tustān]
pertencer a ...	toebehoren aan ...	['tubəhɔrən ān]

planear (vt)	plannen	['planən]
poder (vi)	kunnen	['kʉnən]
possuir (vt)	bezitten	[bə'zitən]
preferir (vt)	prefereren	[prəfe'rerən]
preparar (vt)	bereiden	[bə'rɛjdən]

prever (vt)	voorzien	[vōr'zin]
prometer (vt)	beloven	[bə'lɔvən]
pronunciar (vt)	uitspreken	['œytsprekən]
propor (vt)	voorstellen	['vōrstɛlən]
punir (castigar)	bestraffen	[bə'strafən]

13. Os verbos mais importantes. Parte 4

quebrar (vt)	breken	['brekən]
queixar-se (vr)	klagen	['klaxən]
querer (desejar)	willen	['wilən]
recomendar (vt)	aanbevelen	['āmbəvelən]
repetir (dizer outra vez)	herhalen	[hɛr'halən]

repreender (vt)	uitvaren tegen	['œytvarən 'texən]
reservar (~ um quarto)	reserveren	[rezɛr'verən]
responder (vt)	antwoorden	['antwōrdən]
rezar, orar (vi)	bidden	['bidən]
rir (vi)	lachen	['laxən]

roubar (vt)	stelen	['stelən]
saber (vt)	weten	['wetən]
sair (~ de casa)	uitgaan	['œytxān]
salvar (vt)	redden	['rɛdən]
seguir ...	volgen	['vɔlxən]

sentar-se (vr)	gaan zitten	[xān 'zitən]
ser necessário	nodig zijn	['nɔdəx zɛjn]
ser, estar	zijn	[zɛjn]
significar (vt)	betekenen	[bə'tekənən]

sorrir (vi)	glimlachen	['xlimlahən]
subestimar (vt)	onderschatten	['ɔndər'sxatən]

surpreender-se (vr)	verbaasd zijn	[vər'bāst zɛjn]
tentar (vt)	proberen	[prɔ'berən]

ter (vt)	hebben	['hɛbən]
ter fome	honger hebben	['hɔŋər 'hɛbən]

ter medo	bang zijn	['baŋ zɛjn]
ter sede	dorst hebben	[dɔrst 'hɛbən]

tocar (com as mãos)	aanraken	['ānrakən]
tomar o pequeno-almoço	ontbijten	[ɔn'bɛjtən]
trabalhar (vi)	werken	['wɛrkən]

traduzir (vt)	vertalen	[vər'talən]
unir (vt)	verenigen	[və'rɛnixən]

vender (vt)	verkopen	[vɛr'kɔpən]
ver (vt)	zien	[zin]
virar (ex. ~ à direita)	afslaan	['afslān]
voar (vi)	vliegen	['vlixən]

14. Cores

cor (f)	kleur (de)	['klør]
matiz (m)	tint (de)	[tint]
tom (m)	kleurnuance (de)	['klør·nʉ'waŋsə]
arco-íris (m)	regenboog (de)	['rexən·bōx]
branco	wit	[wit]
preto	zwart	[zwart]
cinzento	grijs	[xrɛjs]
verde	groen	[xrun]
amarelo	geel	[xēl]
vermelho	rood	[rōt]
azul	blauw	['blau]
azul claro	lichtblauw	['lixt·blau]
rosa	roze	['rɔzə]
laranja	oranje	[ɔ'ranjə]
violeta	violet	[viɔ'lɛt]
castanho	bruin	['brœyn]
dourado	goud	['xaut]
prateado	zilverkleurig	['zilvər·'klørəx]
bege	beige	['bɛːʒ]
creme	roomkleurig	['rōm·'klørix]
turquesa	turkoois	[tʉrk'was]
vermelho cereja	kersrood	['kɛrs·rōt]
lilás	lila	['lila]
carmesim	karmijnrood	['karmɛjn·'rōt]
claro	licht	[lixt]
escuro	donker	['dɔnkər]
vivo	fel	[fel]
de cor	kleur-, kleurig	['klør], ['klørəx]
a cores	kleuren-	['klørən]
preto e branco	zwart-wit	[zwart-wit]
unicolor	eenkleurig	[ēn'klørəx]
multicor	veelkleurig	[vēl'klørəx]

15. Questões

Quem?	Wie?	[wi]
Que?	Wat?	[wat]
Onde?	Waar?	[wār]
Para onde?	Waarheen?	[wār'hēn]
De onde?	Waarvandaan?	[ʊār·van'dān]
Quando?	Wanneer?	[wa'nēr]
Para quê?	Waarom?	[wār'ɔm]
Porquê?	Waarom?	[wār'ɔm]
Para quê?	Waarvoor dan ook?	[wār'vōr dan 'ōk]

Como?	Hoe?	[hu]
Qual?	Wat voor ...?	[wat vɔr]
Qual? (entre dois ou mais)	Welk?	[wɛlk]
A quem?	Aan wie?	[ān wi]
Sobre quem?	Over wie?	['ɔvər wi]
Do quê?	Waarover?	[wār'ɔvər]
Com quem?	Met wie?	[mɛt 'wi]
Quanto, -os, -as?	Hoeveel?	[hu'vēl]
De quem? (masc.)	Van wie?	[van 'wi]

16. Preposições

com (prep.)	met	[mɛt]
sem (prep.)	zonder	['zɔndər]
a, para (exprime lugar)	naar	[nār]
sobre (ex. falar ~)	over	['ɔvər]
antes de ...	voor	[vōr]
diante de ...	voor	[vōr]
sob (debaixo de)	onder	['ɔndər]
sobre (em cima de)	boven	['bɔvən]
sobre (~ a mesa)	op	[ɔp]
de (vir ~ Lisboa)	van	[van]
de (feito ~ pedra)	van	[van]
dentro de (~ dez minutos)	over	['ɔvər]
por cima de ...	over	['ɔvər]

17. Palavras funcionais. Advérbios. Parte 1

Onde?	Waar?	[wār]
aqui	hier	[hir]
lá, ali	daar	[dār]
em algum lugar	ergens	['ɛrxəns]
em lugar nenhum	nergens	['nɛrxəns]
ao pé de ...	bij ...	[bɛj]
ao pé da janela	bij het raam	[bɛj het 'rām]
Para onde?	Waarheen?	[wār'hēn]
para cá	hierheen	[hir'hēn]
para lá	daarheen	[dār'hēn]
daqui	hiervandaan	[hirvan'dān]
de lá, dali	daarvandaan	[darvan'dān]
perto	dichtbij	[dix'bɛj]
longe	ver	[vɛr]
perto de ...	in de buurt	[in də būrt]
ao lado de	dichtbij	[dix'bɛj]

perto, não fica longe	niet ver	[nit vɛr]
esquerdo	linker	['linkər]
à esquerda	links	[links]
para esquerda	linksaf, naar links	['linksaf], [nār 'links]
direito	rechter	['rɛxtər]
à direita	rechts	[rɛxts]
para direita	rechtsaf, naar rechts	['rɛxtsaf], [nār 'rɛxts]
à frente	vooraan	[vō'rān]
da frente	voorste	['vōrstə]
em frente (para a frente)	vooruit	[vōr'œʏt]
atrás de ...	achter	['axtər]
por detrás (vir ~)	van achteren	[van 'axtərən]
para trás	achteruit	['axtərœʏt]
meio (m), metade (f)	midden (het)	['midən]
no meio	in het midden	[in ət 'midən]
de lado	opzij	[ɔp'sɛj]
em todo lugar	overal	[ɔvə'ral]
ao redor (olhar ~)	omheen	[ɔm'hēn]
de dentro	binnenuit	['binənœʏt]
para algum lugar	naar ergens	[nār 'ɛrxəns]
diretamente	rechtdoor	[rɛx'dōr]
de volta	terug	[te'rʉx]
de algum lugar	ergens vandaan	['ɛrxəns van'dān]
de um lugar	ergens vandaan	['ɛrxəns van'dān]
em primeiro lugar	ten eerste	[tən 'ērstə]
em segundo lugar	ten tweede	[tən 'twēdə]
em terceiro lugar	ten derde	[tən 'dɛrdə]
de repente	plotseling	['plɔtseliŋ]
no início	in het begin	[in ət bə'xin]
pela primeira vez	voor de eerste keer	[vōr də 'ērstə kēr]
muito antes de ...	lang voor ...	[laŋ vōr]
de novo, novamente	opnieuw	[ɔp'niu]
para sempre	voor eeuwig	[vōr 'ēwəx]
nunca	nooit	[nōjt]
de novo	weer	[wēr]
agora	nu	[nʉ]
frequentemente	vaak	[vāk]
então	toen	[tun]
urgentemente	urgent	[jurxənt]
usualmente	meestal	['mēstal]
a propósito, ...	trouwens, ...	['trauwəns]
é possível	mogelijk	['mɔxələk]
provavelmente	waarschijnlijk	[wār'sxɛjnlək]
talvez	misschien	[mis'xin]
além disso, ...	trouwens	['trauwəns]

por isso ...	daarom ...	[dā'rɔm]
apesar de ...	in weerwil van ...	[in 'wērwil van]
graças a ...	dankzij ...	[dank'zɛj]
que (pron.)	wat	[wat]
que (conj.)	dat	[dat]
algo	iets	[its]
alguma coisa	iets	[its]
nada	niets	[nits]
quem	wie	[wi]
alguém (~ teve uma ideia ...)	iemand	['imant]
alguém	iemand	['imant]
ninguém	niemand	['nimant]
para lugar nenhum	nergens	['nɛrxəns]
de ninguém	niemands	['nimants]
de alguém	iemands	['imants]
tão	zo	[zɔ]
também (gostaria ~ de ...)	ook	[õk]
também (~ eu)	alsook	[al'sõk]

18. Palavras funcionais. Advérbios. Parte 2

Porquê?	Waarom?	[wār'ɔm]
por alguma razão	om een bepaalde reden	[ɔm en be'pāldə 'redən]
porque ...	omdat ...	[ɔm'dat]
por qualquer razão	voor een bepaald doel	[vōr en be'pālt dul]
e (tu ~ eu)	en	[en]
ou (ser ~ não ser)	of	[ɔf]
mas (porém)	maar	[mār]
para (~ a minha mãe)	voor	[vōr]
demasiado, muito	te	[te]
só, somente	alleen	[a'lēn]
exatamente	precies	[prə'sis]
cerca de (~ 10 kg)	ongeveer	[ɔnxə'vēr]
aproximadamente	ongeveer	[ɔnxə'vēr]
aproximado	bij benadering	[bɛj bə'nadəriŋ]
quase	bijna	['bɛjna]
resto (m)	rest (de)	[rɛst]
o outro (segundo)	de andere	[də 'andərə]
outro	ander	['andər]
cada	elk	[ɛlk]
qualquer	om het even welk	[ɔm ət ɛvən wɛlk]
muito	veel	[vēl]
muitas pessoas	veel mensen	[vēl 'mɛnsən]
todos	iedereen	[idə'rēn]
em troca de ...	in ruil voor ...	[in 'rœyl vōr]
em troca	in ruil	[in 'rœyl]

à mão	met de hand	[mɛt də 'hant]
pouco provável	onwaarschijnlijk	[ɔnwār'sxɛjnlək]
provavelmente	waarschijnlijk	[wār'sxɛjnlək]
de propósito	met opzet	[mɛt 'ɔpzət]
por acidente	toevallig	[tu'valəx]
muito	zeer	[zēr]
por exemplo	bijvoorbeeld	[bɛj'vōrbēlt]
entre	tussen	['tʉsən]
entre (no meio de)	tussen	['tʉsən]
tanto	zoveel	[zɔ'vēl]
especialmente	vooral	[vō'ral]

Conceitos básicos. Parte 2

19. Dias da semana

segunda-feira (f)	maandag (de)	['māndax]
terça-feira (f)	dinsdag (de)	['dinsdax]
quarta-feira (f)	woensdag (de)	['wunsdax]
quinta-feira (f)	donderdag (de)	['dɔndərdax]
sexta-feira (f)	vrijdag (de)	['vrɛjdax]
sábado (m)	zaterdag (de)	['zatərdax]
domingo (m)	zondag (de)	['zɔndax]
hoje	vandaag	[van'dāx]
amanhã	morgen	['mɔrxən]
depois de amanhã	overmorgen	[ɔvər'mɔrxən]
ontem	gisteren	['xistərən]
anteontem	eergisteren	[ēr'xistərən]
dia (m)	dag (de)	[dax]
dia (m) de trabalho	werkdag (de)	['wɛrk·dax]
feriado (m)	feestdag (de)	['fēst·dax]
dia (m) de folga	verlofdag (de)	[vər'lɔfdax]
fim (m) de semana	weekend (het)	['wikənt]
o dia todo	de hele dag	[də 'helə dah]
no dia seguinte	de volgende dag	[də 'vɔlxəndə dax]
há dois dias	twee dagen geleden	[twē 'daxən xə'ledən]
na véspera	aan de vooravond	[ān də vō'ravɔnt]
diário	dag-, dagelijks	[dax], ['daxələks]
todos os dias	elke dag	['ɛlkə dax]
semana (f)	week (de)	[wēk]
na semana passada	vorige week	['vɔrixə wēk]
na próxima semana	volgende week	['vɔlxəndə wēk]
semanal	wekelijks	['wekələks]
cada semana	elke week	['ɛlkə wēk]
duas vezes por semana	twee keer per week	[twē ker pər vēk]
cada terça-feira	elke dinsdag	['ɛlkə 'dinsdax]

20. Horas. Dia e noite

manhã (f)	morgen (de)	['mɔrxən]
de manhã	's morgens	[s 'mɔrxəns]
meio-dia (m)	middag (de)	['midax]
à tarde	's middags	[s 'midax]
noite (f)	avond (de)	['avɔnt]
à noite (noitinha)	's avonds	[s 'avɔnts]

noite (f)	nacht (de)	[naxt]
à noite	's nachts	[s naxts]
meia-noite (f)	middernacht (de)	['midərˌnaxt]
segundo (m)	seconde (de)	[se'kɔndə]
minuto (m)	minuut (de)	[mi'nʉt]
hora (f)	uur (het)	[ūr]
meia hora (f)	halfuur (het)	[half 'ūr]
quarto (m) de hora	kwartier (het)	['kwar'tir]
quinze minutos	vijftien minuten	['vɛjftin mi'nʉtən]
vinte e quatro horas	etmaal (het)	['ɛtmāl]
nascer (m) do sol	zonsopgang (de)	[zɔns'ɔpxaŋ]
amanhecer (m)	dageraad (de)	['daxərāt]
madrugada (f)	vroege morgen (de)	['vruxə 'mɔrxən]
pôr do sol (m)	zonsondergang (de)	[zɔns'ɔndərxaŋ]
de madrugada	's morgens vroeg	[s 'mɔrxəns vrux]
hoje de manhã	vanmorgen	[van'mɔrxən]
amanhã de manhã	morgenochtend	['mɔrxən·'ɔxtənt]
hoje à tarde	vanmiddag	[van'midax]
à tarde	's middags	[s 'midax]
amanhã à tarde	morgenmiddag	['mɔrxən·'midax]
hoje à noite	vanavond	[va'navɔnt]
amanhã à noite	morgenavond	['mɔrxən·'avɔnt]
às três horas em ponto	klokslag drie uur	['klɔkslax dri ūr]
por volta das quatro	ongeveer vier uur	[ɔnxə'vēr vir ūr]
às doze	tegen twaalf uur	['texən twālf ūr]
dentro de vinte minutos	over twintig minuten	['ɔvər 'twintix mi'nʉtən]
dentro duma hora	over een uur	['ɔvər en ūr]
a tempo	op tijd	[ɔp tɛjt]
menos um quarto	kwart voor …	['kwart vōr]
durante uma hora	binnen een uur	['binən en ūr]
a cada quinze minutos	elk kwartier	['ɛlk kwar'tir]
as vinte e quatro horas	de klok rond	[də klɔk rɔnt]

21. Meses. Estações

janeiro (m)	januari (de)	[janʉ'ari]
fevereiro (m)	februari (de)	[febrʉ'ari]
março (m)	maart (de)	[mārt]
abril (m)	april (de)	[ap'ril]
maio (m)	mei (de)	[mɛj]
junho (m)	juni (de)	['juni]
julho (m)	juli (de)	['juli]
agosto (m)	augustus (de)	[au'xʉstʉs]
setembro (m)	september (de)	[sɛp'tɛmbər]
outubro (m)	oktober (de)	[ɔk'tɔbər]

Português	Holandês	Pronúncia
novembro (m)	november (de)	[nɔ'vɛmbər]
dezembro (m)	december (de)	[de'sɛmbər]
primavera (f)	lente (de)	['lɛntə]
na primavera	in de lente	[in də 'lɛntə]
primaveril	lente-	['lɛntə]
verão (m)	zomer (de)	['zɔmər]
no verão	in de zomer	[in də 'zɔmər]
de verão	zomer-, zomers	['zɔmər], ['zɔmərs]
outono (m)	herfst (de)	[hɛrfst]
no outono	in de herfst	[in də hɛrfst]
outonal	herfst-	[hɛrfst]
inverno (m)	winter (de)	['wintər]
no inverno	in de winter	[in də 'wintər]
de inverno	winter-	['wintər]
mês (m)	maand (de)	[mānt]
este mês	deze maand	['dezə mānt]
no próximo mês	volgende maand	['vɔlxəndə mānt]
no mês passado	vorige maand	['vɔrixə mānt]
há um mês	een maand geleden	[en mānt xə'ledən]
dentro de um mês	over een maand	['ɔvər en mānt]
dentro de dois meses	over twee maanden	['ɔvər twē 'māndən]
todo o mês	de hele maand	[də 'helə mānt]
um mês inteiro	een volle maand	[en 'vɔlə mānt]
mensal	maand-, maandelijks	[mānt], ['māndələks]
mensalmente	maandelijks	['māndələks]
cada mês	elke maand	['ɛlkə mānt]
duas vezes por mês	twee keer per maand	[twē ker per mānt]
ano (m)	jaar (het)	[jār]
este ano	dit jaar	[dit jār]
no próximo ano	volgend jaar	['vɔlxənt jār]
no ano passado	vorig jaar	['vɔrəx jār]
há um ano	een jaar geleden	[en jār xə'ledən]
dentro dum ano	over een jaar	['ɔvər en jār]
dentro de 2 anos	over twee jaar	['ɔvər twē jār]
todo o ano	het hele jaar	[ət 'helə jār]
um ano inteiro	een vol jaar	[en vɔl jār]
cada ano	elk jaar	[ɛlk jār]
anual	jaar-, jaarlijks	[jār], ['jārləks]
anualmente	jaarlijks	['jārləks]
quatro vezes por ano	4 keer per jaar	[vir kēr per 'jār]
data (~ de hoje)	datum (de)	['datʉm]
data (ex. ~ de nascimento)	datum (de)	['datʉm]
calendário (m)	kalender (de)	[ka'lɛndər]
meio ano	een half jaar	[en half jār]
seis meses	zes maanden	[zɛs 'māndən]

estação (f)	seizoen (het)	[sɛj'zun]
século (m)	eeuw (de)	[ēw]

22. Unidades de medida

peso (m)	gewicht (het)	[xə'wixt]
comprimento (m)	lengte (de)	['lɛŋtə]
largura (f)	breedte (de)	['brētə]
altura (f)	hoogte (de)	['hōxtə]
profundidade (f)	diepte (de)	['diptə]
volume (m)	volume (het)	[vɔ'lʉmə]
área (f)	oppervlakte (de)	['ɔpərvlaktə]
grama (m)	gram (het)	[xram]
miligrama (m)	milligram (het)	['milixram]
quilograma (m)	kilogram (het)	[kilɔxram]
tonelada (f)	ton (de)	[tɔn]
libra (453,6 gramas)	pond (het)	[pɔnt]
onça (f)	ons (het)	[ɔns]
metro (m)	meter (de)	['metər]
milímetro (m)	millimeter (de)	['milimetər]
centímetro (m)	centimeter (de)	['sɛnti'metər]
quilómetro (m)	kilometer (de)	[kilɔmetər]
milha (f)	mijl (de)	[mɛjl]
polegada (f)	duim (de)	['dœʏm]
pé (304,74 mm)	voet (de)	[vut]
jarda (914,383 mm)	yard (de)	[jart]
metro (m) quadrado	vierkante meter (de)	['virkantə 'metər]
hectare (m)	hectare (de)	[hɛk'tarə]
litro (m)	liter (de)	['litər]
grau (m)	graad (de)	[xrāt]
volt (m)	volt (de)	[vɔlt]
ampère (m)	ampère (de)	[am'pɛrə]
cavalo-vapor (m)	paardenkracht (de)	['pārdən·kraxt]
quantidade (f)	hoeveelheid (de)	[hu'vēlhɛjt]
um pouco de …	een beetje …	[ɛn 'bētʃə]
metade (f)	helft (de)	[hɛlft]
dúzia (f)	dozijn (het)	[dɔ'zɛjn]
peça (f)	stuk (het)	[stʉk]
dimensão (f)	afmeting (de)	['afmetiŋ]
escala (f)	schaal (de)	[sxāl]
mínimo	minimaal	[mini'māl]
menor, mais pequeno	minste	['minstə]
médio	medium	['medijum]
máximo	maximaal	[maksi'māl]
maior, mais grande	grootste	['xrōtstə]

23. Recipientes

boião (m) de vidro	glazen pot (de)	['xlazən pɔt]
lata (~ de cerveja)	blik (het)	[blik]
balde (m)	emmer (de)	['ɛmər]
barril (m)	ton (de)	[tɔn]

bacia (~ de plástico)	ronde waterbak (de)	['watər·bak]
tanque (m)	tank (de)	[tank]
cantil (m) de bolso	heupfles (de)	['høp·flɛs]
bidão (m) de gasolina	jerrycan (de)	['dʒɛrikən]
cisterna (f)	tank (de)	[tank]

caneca (f)	beker (de)	['bekər]
chávena (f)	kopje (het)	['kɔpjə]
pires (m)	schoteltje (het)	['sxɔteltʃə]
copo (m)	glas (het)	[xlas]
taça (f) de vinho	wijnglas (het)	['wɛjn·xlas]
panela, caçarola (f)	pan (de)	[pan]

garrafa (f)	fles (de)	[fles]
gargalo (m)	flessenhals (de)	['flesən·hals]

jarro, garrafa (f)	karaf (de)	[ka'raf]
jarro (m) de barro	kruik (de)	['krœʏk]
recipiente (m)	vat (het)	[vat]
pote (m)	pot (de)	[pɔt]
vaso (m)	vaas (de)	[vãs]

frasco (~ de perfume)	flacon (de)	[fla'kɔn]
frasquinho (ex. ~ de iodo)	flesje (het)	['fleɕə]
tubo (~ de pasta dentífrica)	tube (de)	['tʉbə]

saca (ex. ~ de açúcar)	zak (de)	[zak]
saco (~ de plástico)	tasje (het)	['taɕə]
maço (m)	pakje (het)	['pakjə]

caixa (~ de sapatos, etc.)	doos (de)	[dõs]
caixa (~ de madeira)	kist (de)	[kist]
cesta (f)	mand (de)	[mant]

O SER HUMANO

O ser humano. O corpo

24. Cabeça

cabeça (f)	hoofd (het)	[hõft]
cara (f)	gezicht (het)	[xə'ziht]
nariz (m)	neus (de)	['nøs]
boca (f)	mond (de)	[mɔnt]
olho (m)	oog (het)	[õx]
olhos (m pl)	ogen	['ɔxən]
pupila (f)	pupil (de)	[pʉ'pil]
sobrancelha (f)	wenkbrauw (de)	['wɛnk·brau]
pestana (f)	wimper (de)	['wimpər]
pálpebra (f)	ooglid (het)	['õx·lit]
língua (f)	tong (de)	[tɔŋ]
dente (m)	tand (de)	[tant]
lábios (m pl)	lippen	['lipən]
maçãs (f pl) do rosto	jukbeenderen	[juk'·bēndərən]
gengiva (f)	tandvlees (het)	['tand·vlēs]
palato (m)	gehemelte (het)	[xə'heməltə]
narinas (f pl)	neusgaten	['nøsxatən]
queixo (m)	kin (de)	[kin]
mandíbula (f)	kaak (de)	[kāk]
bochecha (f)	wang (de)	[waŋ]
testa (f)	voorhoofd (het)	['võrhõft]
têmpora (f)	slaap (de)	[slāp]
orelha (f)	oor (het)	[õr]
nuca (f)	achterhoofd (het)	['axtər·hõft]
pescoço (m)	hals (de)	[hals]
garganta (f)	keel (de)	[kēl]
cabelos (m pl)	haren	['harən]
penteado (m)	kapsel (het)	['kapsəl]
corte (m) de cabelo	haarsnit (de)	['hārsnit]
peruca (f)	pruik (de)	['prœʏk]
bigode (m)	snor (de)	[snɔr]
barba (f)	baard (de)	[bārt]
usar, ter (~ barba, etc.)	dragen	['draxən]
trança (f)	vlecht (de)	[vlɛxt]
suíças (f pl)	bakkebaarden	[bakə'bārtən]
ruivo	ros	[rɔs]
grisalho	grijs	[xrɛjs]

calvo	kaal	[kāl]
calva (f)	kale plek (de)	['kalə plɛk]
rabo-de-cavalo (m)	paardenstaart (de)	['pārdən·stārt]
franja (f)	pony (de)	['pɔni]

25. Corpo humano

mão (f)	hand (de)	[hant]
braço (m)	arm (de)	[arm]
dedo (m)	vinger (de)	['viŋər]
dedo (m) do pé	teen (de)	[tēn]
polegar (m)	duim (de)	['dœʏm]
dedo (m) mindinho	pink (de)	[pink]
unha (f)	nagel (de)	['naxəl]
punho (m)	vuist (de)	['vœʏst]
palma (f) da mão	handpalm (de)	['hantpalm]
pulso (m)	pols (de)	[pɔls]
antebraço (m)	voorarm (de)	['vōrarm]
cotovelo (m)	elleboog (de)	['ɛləbōx]
ombro (m)	schouder (de)	['sxaudər]
perna (f)	been (het)	[bēn]
pé (m)	voet (de)	[vut]
joelho (m)	knie (de)	[kni]
barriga (f) da perna	kuit (de)	['kœʏt]
anca (f)	heup (de)	['høp]
calcanhar (m)	hiel (de)	[hil]
corpo (m)	lichaam (het)	['lixām]
barriga (f)	buik (de)	['bœʏk]
peito (m)	borst (de)	[bɔrst]
seio (m)	borst (de)	[bɔrst]
lado (m)	zijde (de)	['zɛjdə]
costas (f pl)	rug (de)	[rʉx]
região (f) lombar	lage rug (de)	[laxə rʉx]
cintura (f)	taille (de)	['tajə]
umbigo (m)	navel (de)	['navəl]
nádegas (f pl)	billen	['bilən]
traseiro (m)	achterwerk (het)	['axtərwɛrk]
sinal (m)	huidvlek (de)	['hœʏt·vlɛk]
sinal (m) de nascença	moedervlek (de)	['mudər·vlɛk]
tatuagem (f)	tatoeage (de)	[tatu'aʒə]
cicatriz (f)	litteken (het)	['litekən]

Vestuário & Acessórios

26. Roupa exterior. Casacos

roupa (f)	kleren (mv.)	['klerən]
roupa (f) exterior	bovenkleding (de)	['bɔvən·'kledɪŋ]
roupa (f) de inverno	winterkleding (de)	['wɪntər·'kledɪŋ]
sobretudo (m)	jas (de)	[jas]
casaco (m) de peles	bontjas (de)	[bɔnt jas]
casaco curto (m) de peles	bontjasje (het)	[bɔnt 'jaɕə]
casaco (m) acolchoado	donzen jas (de)	['dɔnzən jas]
casaco, blusão (m)	jasje (het)	['jaɕə]
impermeável (m)	regenjas (de)	['rexən jas]
impermeável	waterdicht	['watərdɪxt]

27. Vestuário de homem & mulher

camisa (f)	overhemd (het)	['ɔvərhɛmt]
calças (f pl)	broek (de)	[bruk]
calças (f pl) de ganga	jeans (de)	[dʒins]
casaco (m) de fato	colbert (de)	['kɔlbər]
fato (m)	kostuum (het)	[kɔs'tūm]
vestido (ex. ~ vermelho)	jurk (de)	[jurk]
saia (f)	rok (de)	[rɔk]
blusa (f)	blouse (de)	['blus]
casaco (m) de malha	wollen vest (de)	['wɔlən vɛst]
casaco, blazer (m)	blazer (de)	['blezər]
T-shirt, camiseta (f)	T-shirt (het)	['tiʃøt]
calções (Bermudas, etc.)	shorts	[ʃɔrts]
fato (m) de treino	trainingspak (het)	['trɛjnɪŋs·pak]
roupão (m) de banho	badjas (de)	['batjas]
pijama (m)	pyjama (de)	[pi'jama]
suéter (m)	sweater (de)	['swetər]
pulôver (m)	pullover (de)	[pʉ'lɔvər]
colete (m)	gilet (het)	[ʒi'lɛt]
fraque (m)	rokkostuum (het)	[rɔk·kɔs'tūm]
smoking (m)	smoking (de)	['smɔkɪŋ]
uniforme (m)	uniform (het)	['junifɔrm]
roupa (f) de trabalho	werkkleding (de)	['wɛrk·'kledɪŋ]
fato-macaco (m)	overall (de)	[ɔvə'ral]
bata (~ branca, etc.)	doktersjas (de)	['dɔktərs jas]

28. Vestuário. Roupa interior

roupa (f) interior	ondergoed (het)	['ɔndərxut]
cuecas boxer (f pl)	herenslip (de)	['herən·slip]
cuecas (f pl)	slipjes	['slipjes]
camisola (f) interior	onderhemd (het)	['ɔndərhɛmt]
peúgas (f pl)	sokken	['sɔkən]
camisa (f) de noite	nachthemd (het)	['naxthɛmt]
sutiã (m)	beha (de)	[be'ha]
meias longas (f pl)	kniekousen	[kni·'kausən]
meia-calça (f)	panty (de)	['pɛnti]
meias (f pl)	nylonkousen	['nɛjlɔn·'kausən]
fato (m) de banho	badpak (het)	['bad·pak]

29. Adereços de cabeça

chapéu (m)	hoed (de)	[hut]
chapéu (m) de feltro	deukhoed (de)	['døkhut]
boné (m) de beisebol	honkbalpet (de)	['hɔnkbal·'pɛt]
boné (m)	kleppet (de)	['klɛpɛt]
boina (f)	baret (de)	[ba'rɛt]
capuz (m)	kap (de)	[kap]
panamá (m)	panamahoed (de)	[pa'nama·hut]
gorro (m) de malha	gebreide muts (de)	[xəb'rɛjdə mʉts]
lenço (m)	hoofddoek (de)	['hōftduk]
chapéu (m) de mulher	dameshoed (de)	['daməs·hut]
capacete (m) de proteção	veiligheidshelm (de)	['vɛjləxhɛjts·hɛlm]
bibico (m)	veldmuts (de)	['vɛlt·mʉts]
capacete (m)	helm, valhelm (de)	[hɛlm], ['valhɛlm]
chapéu-coco (m)	bolhoed (de)	['bɔlhut]
chapéu (m) alto	hoge hoed (de)	['hɔxə hut]

30. Calçado

calçado (m)	schoeisel (het)	['sxuisəl]
botinas (f pl)	schoenen	['sxunən]
sapatos (de salto alto, etc.)	vrouwenschoenen	['vrauwən·'sxunən]
botas (f pl)	laarzen	['lārzən]
pantufas (f pl)	pantoffels	[pan'tɔfəls]
ténis (m pl)	sportschoenen	['spɔrt·'sxunən]
sapatilhas (f pl)	sneakers	['snikərs]
sandálias (f pl)	sandalen	[san'dalən]
sapateiro (m)	schoenlapper (de)	['sxun·'lapər]
salto (m)	hiel (de)	[hil]

par (m)	paar (het)	[pãr]
atacador (m)	veter (de)	['vetər]
apertar os atacadores	rijgen	['rɛjxən]
calçadeira (f)	schoenlepel (de)	['sxun·'lepəl]
graxa (f) para calçado	schoensmeer (de/het)	['sxun·smẽr]

31. Acessórios pessoais

luvas (f pl)	handschoenen	['xand 'sxunən]
mitenes (f pl)	wanten	['wantən]
cachecol (m)	sjaal (de)	[çãl]

óculos (m pl)	bril (de)	[bril]
armação (f) de óculos	brilmontuur (het)	[bril·mɔn'tũr]
guarda-chuva (m)	paraplu (de)	[parap'lʉ]
bengala (f)	wandelstok (de)	['wandəl·stɔk]
escova (f) para o cabelo	haarborstel (de)	[hãr·'bɔrstəl]
leque (m)	waaier (de)	['wãjər]

gravata (f)	das (de)	[das]
gravata-borboleta (f)	strikje (het)	['strikjə]
suspensórios (m pl)	bretels	[brə'tɛls]
lenço (m)	zakdoek (de)	['zagduk]

pente (m)	kam (de)	[kam]
travessão (m)	haarspeldje (het)	[hãr·'spɛldjə]
gancho (m) de cabelo	schuifspeldje (het)	['sxœʏf·'spɛldjə]
fivela (f)	gesp (de)	[xɛsp]

| cinto (m) | broekriem (de) | ['bruk·rim] |
| correia (f) | draagriem (de) | ['drãx·rim] |

mala (f)	handtas (de)	['hand·tas]
mala (f) de senhora	damestas (de)	['daməs·tas]
mochila (f)	rugzak (de)	['rʉxzak]

32. Vestuário. Diversos

moda (f)	mode (de)	['mɔdə]
na moda	de mode	[də 'mɔdə]
estilista (m)	kledingstilist (de)	['kledin·sti'list]

colarinho (m), gola (f)	kraag (de)	[krãx]
bolso (m)	zak (de)	[zak]
de bolso	zak-	[zak]
manga (f)	mouw (de)	['mau]
alcinha (f)	lusje (het)	['lʉçə]
braguilha (f)	gulp (de)	[xjulp]

fecho (m) de correr	rits (de)	[rits]
fecho (m), colchete (m)	sluiting (de)	['slœʏtiŋ]
botão (m)	knoop (de)	[knõp]

casa (f) de botão	knoopsgat (het)	['knōps·xat]
soltar-se (vr)	losraken	[lɔs'rakən]

coser, costurar (vi)	naaien	['nājən]
bordar (vt)	borduren	[bɔr'dʉrən]
bordado (m)	borduursel (het)	[bɔr'dūrsəl]
agulha (f)	naald (de)	[nālt]
fio (m)	draad (de)	[drāt]
costura (f)	naad (de)	[nāt]

sujar-se (vr)	vies worden	[vis 'wɔrdən]
mancha (f)	vlek (de)	[vlɛk]
engelhar-se (vr)	gekreukt raken	[xə'krøkt 'rakən]
rasgar (vt)	scheuren	['sxørən]
traça (f)	mot (de)	[mɔt]

33. Cuidados pessoais. Cosméticos

pasta (f) de dentes	tandpasta (de)	['tand·pasta]
escova (f) de dentes	tandenborstel (de)	['tandən·'bɔrstəl]
escovar os dentes	tanden poetsen	['tandən 'putsən]

máquina (f) de barbear	scheermes (het)	['sxēr·mɛs]
creme (m) de barbear	scheerschuim (het)	[sxēr·sxœʏm]
barbear-se (vr)	zich scheren	[zix 'sxerən]

sabonete (m)	zeep (de)	[zēp]
champô (m)	shampoo (de)	['ʃʌmpō]

tesoura (f)	schaar (de)	[sxār]
lima (f) de unhas	nagelvijl (de)	['naxəl·vɛjl]
corta-unhas (m)	nagelknipper (de)	['naxəl·'knipər]
pinça (f)	pincet (het)	[pin'sɛt]

cosméticos (m pl)	cosmetica (mv.)	[kɔs'metika]
máscara (f) facial	masker (het)	['maskər]
manicura (f)	manicure (de)	[mani'kʉrə]
fazer a manicura	manicure doen	[mani'kʉrə dun]
pedicure (f)	pedicure (de)	[pedi'kʉrə]

mala (f) de maquilhagem	cosmetica tasje (het)	[kɔs'metika 'taɕə]
pó (m)	poeder (de/het)	['pudər]
caixa (f) de pó	poederdoos (de)	['pudər·dōs]
blush (m)	rouge (de)	['ruʒə]

perfume (m)	parfum (de/het)	[par'fʉm]
água (f) de toilette	eau de toilet (de)	[ɔ də tua'lɛt]
loção (f)	lotion (de)	[lɔt'ʃɔn]
água-de-colónia (f)	eau de cologne (de)	[ɔ də kɔ'lɔnjə]

sombra (f) de olhos	oogschaduw (de)	['ōx·sxadʉw]
lápis (m) delineador	oogpotlood (het)	['ōx·'pɔtlɔt]
máscara (f), rímel (m)	mascara (de)	[mas'kara]
batom (m)	lippenstift (de)	['lipən·stift]

verniz (m) de unhas	nagellak (de)	['naxəl·lak]
laca (f) para cabelos	haarlak (de)	['hār·lak]
desodorizante (m)	deodorant (de)	[deodɔ'rant]

creme (m)	crème (de)	[krɛ:m]
creme (m) de rosto	gezichtscrème (de)	[xə'zihts·krɛ:m]
creme (m) de mãos	handcrème (de)	[hant·krɛ:m]
creme (m) antirrugas	antirimpelcrème (de)	[anti'rimpəl·krɛ:m]
creme (m) de dia	dagcrème (de)	['dax·krɛ:m]
creme (m) de noite	nachtcrème (de)	['naxt·krɛ:m]
de dia	dag-	[dax]
da noite	nacht-	[naxt]

tampão (m)	tampon (de)	[tam'pɔn]
papel (m) higiénico	toiletpapier (het)	[tua'lɛt·pa'pir]
secador (m) elétrico	föhn (de)	['føn]

34. Relógios de pulso. Relógios

relógio (m) de pulso	polshorloge (het)	['pɔls·hɔr'lɔʒə]
mostrador (m)	wijzerplaat (de)	['wɛjzər·plāt]
ponteiro (m)	wijzer (de)	['wɛjzər]
bracelete (f) em aço	metalen horlogeband (de)	[me'talən hɔr'lɔʒə·bant]
bracelete (f) em couro	horlogebandje (het)	[hɔr'lɔʒə·'bandjə]

pilha (f)	batterij (de)	[batə'rɛj]
descarregar-se	leeg zijn	[lēx zɛjn]
trocar a pilha	batterij vervangen	[batə'rɛj vər'vaŋən]
estar adiantado	voorlopen	['vōrlɔpən]
estar atrasado	achterlopen	['axtərlɔpən]

relógio (m) de parede	wandklok (de)	['want·klɔk]
ampulheta (f)	zandloper (de)	['zant·lɔpər]
relógio (m) de sol	zonnewijzer (de)	['zɔnə·wɛjzər]
despertador (m)	wekker (de)	['wɛkər]
relojoeiro (m)	horlogemaker (de)	[hɔr'lɔʒə·'makər]
reparar (vt)	repareren	[repa'rerən]

Alimentação. Nutrição

35. Comida

carne (f)	vlees (het)	[vlēs]
galinha (f)	kip (de)	[kip]
frango (m)	kuiken (het)	['kœʏkən]
pato (m)	eend (de)	[ēnt]
ganso (m)	gans (de)	[xans]
caça (f)	wild (het)	[wilt]
peru (m)	kalkoen (de)	[kal'kun]

carne (f) de porco	varkensvlees (het)	['varkəns·vlēs]
carne (f) de vitela	kalfsvlees (het)	['kalfs·vlēs]
carne (f) de carneiro	schapenvlees (het)	['sxapən·vlēs]
carne (f) de vaca	rundvlees (het)	['rʉnt·vlēs]
carne (f) de coelho	konijnenvlees (het)	[kɔ'nɛjnən·vlēs]

chouriço, salsichão (m)	worst (de)	[wɔrst]
salsicha (f)	saucijs (de)	['sɔsɛjs]
bacon (m)	spek (het)	[spɛk]
fiambre (f)	ham (de)	[ham]
presunto (m)	gerookte achterham (de)	[xə'rōktə 'ahtərham]

patê (m)	paté (de)	[pa'tɛ]
fígado (m)	lever (de)	['levər]
carne (f) moída	gehakt (het)	[xə'hakt]
língua (f)	tong (de)	[tɔŋ]

ovo (m)	ei (het)	[ɛj]
ovos (m pl)	eieren	['ɛjerən]
clara (f) do ovo	eiwit (het)	['ɛjwit]
gema (f) do ovo	eigeel (het)	['ɛjxēl]

peixe (m)	vis (de)	[vis]
mariscos (m pl)	zeevruchten	[zē·'vrʉxtən]
crustáceos (m pl)	schaaldieren	['sxal·dīrən]
caviar (m)	kaviaar (de)	[ka'vjār]

caranguejo (m)	krab (de)	[krab]
camarão (m)	garnaal (de)	[xar'nāl]
ostra (f)	oester (de)	['ustər]
lagosta (f)	langoest (de)	[lan'xust]
polvo (m)	octopus (de)	['ɔktɔpʉs]
lula (f)	inktvis (de)	['inktvis]

esturjão (m)	steur (de)	['stør]
salmão (m)	zalm (de)	[zalm]
halibute (m)	heilbot (de)	['hɛjlbɔt]
bacalhau (m)	kabeljauw (de)	[kabə'ljau]

cavala, sarda (f)	makreel (de)	[ma'krēl]
atum (m)	tonijn (de)	[tɔ'nɛjn]
enguia (f)	paling (de)	[pa'liŋ]
truta (f)	forel (de)	[fɔ'rɛl]
sardinha (f)	sardine (de)	[sar'dinə]
lúcio (m)	snoek (de)	[snuk]
arenque (m)	haring (de)	['hariŋ]
pão (m)	brood (het)	[brōt]
queijo (m)	kaas (de)	[kās]
açúcar (m)	suiker (de)	[sœʏkər]
sal (m)	zout (het)	['zaut]
arroz (m)	rijst (de)	[rɛjst]
massas (f pl)	pasta (de)	['pasta]
talharim (m)	noedels	['nudɛls]
manteiga (f)	boter (de)	['bɔtər]
óleo (m) vegetal	plantaardige olie (de)	[plant'ārdixə 'ɔli]
óleo (m) de girassol	zonnebloemolie (de)	['zɔnəblum·'ɔli]
margarina (f)	margarine (de)	[marxa'rinə]
azeitonas (f pl)	olijven	[ɔ'lɛjvən]
azeite (m)	olijfolie (de)	[ɔ'lɛjf·'ɔli]
leite (m)	melk (de)	[mɛlk]
leite (m) condensado	gecondenseerde melk (de)	[xəkɔnsən'sērdə mɛlk]
iogurte (m)	yoghurt (de)	['jogʉrt]
nata (f) azeda	zure room (de)	['zʉrə rōm]
nata (f) do leite	room (de)	[rōm]
maionese (f)	mayonaise (de)	[majo'nɛzə]
creme (m)	crème (de)	[krɛːm]
grãos (m pl) de cereais	graan (het)	[xrān]
farinha (f)	meel (het), bloem (de)	[mēl], [blum]
enlatados (m pl)	conserven	[kɔn'sɛrvən]
flocos (m pl) de milho	maïsvlokken	[majs·'vlɔkən]
mel (m)	honing (de)	['hɔniŋ]
doce (m)	jam (de)	[ʃɛm]
pastilha (f) elástica	kauwgom (de)	['kauxɔm]

36. Bebidas

água (f)	water (het)	['watər]
água (f) potável	drinkwater (het)	['drink·'watər]
água (f) mineral	mineraalwater (het)	[minə'rāl·'watər]
sem gás	zonder gas	['zɔndər xas]
gaseificada	koolzuurhoudend	[kōlzūr·'haudənt]
com gás	bruisend	['brœʏsənt]
gelo (m)	ijs (het)	[ɛjs]

com gelo	met ijs	[mɛt ɛjs]
sem álcool	alcohol vrij	['alkɔhɔl vrɛj]
bebida (f) sem álcool	alcohol vrije drank (de)	['alkɔhɔl 'vrɛjə drank]
refresco (m)	frisdrank (de)	['fris·drank]
limonada (f)	limonade (de)	[limɔ'nadə]
bebidas (f pl) alcoólicas	alcoholische dranken	[alkɔ'hɔlisə 'drankən]
vinho (m)	wijn (de)	[wɛjn]
vinho (m) branco	witte wijn (de)	['witə wɛjn]
vinho (m) tinto	rode wijn (de)	['rɔdə wɛjn]
licor (m)	likeur (de)	[li'kør]
champanhe (m)	champagne (de)	[ʃʌm'panjə]
vermute (m)	vermout (de)	['vɛrmut]
uísque (m)	whisky (de)	['wiski]
vodka (f)	wodka (de)	['wɔdka]
gim (m)	gin (de)	[dʒin]
conhaque (m)	cognac (de)	[kɔ'njak]
rum (m)	rum (de)	[rʉm]
café (m)	koffie (de)	['kɔfi]
café (m) puro	zwarte koffie (de)	['zwartə 'kɔfi]
café (m) com leite	koffie (de) met melk	['kɔfi mɛt mɛlk]
cappuccino (m)	cappuccino (de)	[kapu'tʃinɔ]
café (m) solúvel	oploskoffie (de)	['ɔplɔs·'kɔfi]
leite (m)	melk (de)	[mɛlk]
coquetel (m)	cocktail (de)	['kɔktəl]
batido (m) de leite	milkshake (de)	['milk·ʃɛjk]
sumo (m)	sap (het)	[sap]
sumo (m) de tomate	tomatensap (het)	[tɔ'matən·sap]
sumo (m) de laranja	sinaasappelsap (het)	['sināsapəl·sap]
sumo (m) fresco	vers geperst sap (het)	[vɛrs xə'pɛrst sap]
cerveja (f)	bier (het)	[bir]
cerveja (f) clara	licht bier (het)	[lixt bir]
cerveja (f) preta	donker bier (het)	['dɔnkər bir]
chá (m)	thee (de)	[tē]
chá (m) preto	zwarte thee (de)	['zwartə tē]
chá (m) verde	groene thee (de)	['xrunə tē]

37. Vegetais

legumes (m pl)	groenten	['xruntən]
verduras (f pl)	verse kruiden	['vɛrsə 'krœydən]
tomate (m)	tomaat (de)	[tɔ'māt]
pepino (m)	augurk (de)	[au'xʉrk]
cenoura (f)	wortel (de)	['wɔrtəl]
batata (f)	aardappel (de)	['ārd·apəl]
cebola (f)	ui (de)	['œʏ]

alho (m)	knoflook (de)	['knōflɔk]
couve (f)	kool (de)	[kōl]
couve-flor (f)	bloemkool (de)	['blum·kōl]
couve-de-bruxelas (f)	spruitkool (de)	['sprœyt·kōl]
brócolos (m pl)	broccoli (de)	['brɔkɔli]
beterraba (f)	rode biet (de)	['rɔdə bit]
beringela (f)	aubergine (de)	[ɔbɛr'ʒinə]
curgete (f)	courgette (de)	[kur'ʒɛt]
abóbora (f)	pompoen (de)	[pɔm'pun]
nabo (m)	raap (de)	[rāp]
salsa (f)	peterselie (de)	[petər'sɛli]
funcho, endro (m)	dille (de)	['dilə]
alface (f)	sla (de)	[sla]
aipo (m)	selderij (de)	['sɛldɛrɛj]
espargo (m)	asperge (de)	[as'pɛrʒə]
espinafre (m)	spinazie (de)	[spi'nazi]
ervilha (f)	erwt (de)	[ɛrt]
fava (f)	bonen	['bɔnən]
milho (m)	maïs (de)	[majs]
feijão (m)	nierboon (de)	['nir·bōn]
pimentão (m)	peper (de)	['pepər]
rabanete (m)	radijs (de)	[ra'dɛjs]
alcachofra (f)	artisjok (de)	[arti'çɔk]

38. Frutos. Nozes

fruta (f)	vrucht (de)	[vrʉxt]
maçã (f)	appel (de)	['apəl]
pera (f)	peer (de)	[pēr]
limão (m)	citroen (de)	[si'trun]
laranja (f)	sinaasappel (de)	['sināsapəl]
morango (m)	aardbei (de)	['ārd·bɛj]
tangerina (f)	mandarijn (de)	[manda'rɛjn]
ameixa (f)	pruim (de)	['prœym]
pêssego (m)	perzik (de)	['pɛrzik]
damasco (m)	abrikoos (de)	[abri'kōs]
framboesa (f)	framboos (de)	[fram'bōs]
ananás (m)	ananas (de)	['ananas]
banana (f)	banaan (de)	[ba'nān]
melancia (f)	watermeloen (de)	['watərmɛ'lun]
uva (f)	druif (de)	[drœyf]
ginja (f)	zure kers (de)	['zʉrə kɛrs]
cereja (f)	zoete kers (de)	['zutə kɛrs]
meloa (f)	meloen (de)	[mə'lun]
toranja (f)	grapefruit (de)	['grepfrut]
abacate (m)	avocado (de)	[avɔ'kadɔ]
papaia (f)	papaja (de)	[pa'paja]

manga (f)	mango (de)	['mangɔ]
romã (f)	granaatappel (de)	[xra'nãt·'apəl]
groselha (f) vermelha	rode bes (de)	['rɔdə bɛs]
groselha (f) preta	zwarte bes (de)	['zwartə bɛs]
groselha (f) espinhosa	kruisbes (de)	['krœʏsbɛs]
mirtilo (m)	blauwe bosbes (de)	['blaʊə 'bɔsbɛs]
amora silvestre (f)	braambes (de)	['brãmbɛs]
uvas (f pl) passas	rozijn (de)	[rɔ'zɛjn]
figo (m)	vijg (de)	[vɛjx]
tâmara (f)	dadel (de)	['dadəl]
amendoim (m)	pinda (de)	['pinda]
amêndoa (f)	amandel (de)	[a'mandəl]
noz (f)	walnoot (de)	['walnõt]
avelã (f)	hazelnoot (de)	['hazəl·nõt]
coco (m)	kokosnoot (de)	['kɔkɔs·nõt]
pistáchios (m pl)	pistaches	[pi'staʃəs]

39. Pão. Bolaria

pastelaria (f)	suikerbakkerij (de)	[sœʏkər bakə'rɛj]
pão (m)	brood (het)	[brõt]
bolacha (f)	koekje (het)	['kukjə]
chocolate (m)	chocolade (de)	[ʃɔkɔ'ladə]
de chocolate	chocolade-	[ʃɔkɔ'ladə]
rebuçado (m)	snoepje (het)	['snupjə]
bolo (cupcake, etc.)	cakeje (het)	['kejkjə]
bolo (m) de aniversário	taart (de)	[tãrt]
tarte (~ de maçã)	pastei (de)	[pas'tɛj]
recheio (m)	vulling (de)	['vʉliŋ]
doce (m)	confituur (de)	[kɔnfi'tūr]
geleia (f) de frutas	marmelade (de)	[marmə'ladə]
waffle (m)	wafel (de)	['wafəl]
gelado (m)	ijsje (het)	['ɛisjə], ['ɛiʃə]
pudim (m)	pudding (de)	['pʉdiŋ]

40. Pratos cozinhados

prato (m)	gerecht (het)	[xe'rɛht]
cozinha (~ portuguesa)	keuken (de)	['køkən]
receita (f)	recept (het)	[re'sɛpt]
porção (f)	portie (de)	['pɔrsi]
salada (f)	salade (de)	[sa'ladə]
sopa (f)	soep (de)	[sup]
caldo (m)	bouillon (de)	[bu'jon]
sandes (f)	boterham (de)	['bɔtərham]

ovos (m pl) estrelados	spiegelei (het)	['spixəl·ɛj]
hambúrguer (m)	hamburger (de)	['hambʉrxər]
bife (m)	biefstuk (de)	['bifstʉk]
conduto (m)	garnering (de)	[xar'neriŋ]
espaguete (m)	spaghetti (de)	[spa'xeti]
puré (m) de batata	aardappelpuree (de)	['ārdapəl·pʉ'rē]
pizza (f)	pizza (de)	['pitsa]
papa (f)	pap (de)	[pap]
omelete (f)	omelet (de)	[ɔmə'lɛt]
cozido em água	gekookt	[xə'kōkt]
fumado	gerookt	[xə'rōkt]
frito	gebakken	[xə'bakən]
seco	gedroogd	[xə'drōxt]
congelado	diepvries	['dip·vris]
em conserva	gemarineerd	[xəmari'nērt]
doce (açucarado)	zoet	[zut]
salgado	gezouten	[xə'zautən]
frio	koud	['kaut]
quente	heet	[hēt]
amargo	bitter	['bitər]
gostoso	lekker	['lɛkər]
cozinhar (em água a ferver)	koken	['kɔkən]
fazer, preparar (vt)	bereiden	[bə'rɛjdən]
fritar (vt)	bakken	['bakən]
aquecer (vt)	opwarmen	['ɔpwarmən]
salgar (vt)	zouten	['zautən]
apimentar (vt)	peperen	['pepərən]
ralar (vt)	raspen	['raspən]
casca (f)	schil (de)	[sxil]
descascar (vt)	schillen	['sxilən]

41. Especiarias

sal (m)	zout (het)	['zaut]
salgado	gezouten	[xə'zautən]
salgar (vt)	zouten	['zautən]
pimenta (f) preta	zwarte peper (de)	['zwartə 'pepər]
pimenta (f) vermelha	rode peper (de)	['rodə 'pepər]
mostarda (f)	mosterd (de)	['mɔstərt]
raiz-forte (f)	mierikswortel (de)	['miriks·'wɔrtəl]
condimento (m)	condiment (het)	[kɔndi'mɛnt]
especiaria (f)	specerij , kruiderij (de)	[spesə'rɛj], [krœydə'rɛj]
molho (m)	saus (de)	['saus]
vinagre (m)	azijn (de)	[a'zɛjn]
anis (m)	anijs (de)	[a'nɛjs]
manjericão (m)	basilicum (de)	[ba'silikəm]

cravo (m)	kruidnagel (de)	['krœʏtnaxəl]
gengibre (m)	gember (de)	['xɛmbər]
coentro (m)	koriander (de)	[kɔri'andər]
canela (f)	kaneel (de/het)	[ka'nēl]
sésamo (m)	sesamzaad (het)	['sɛzam·zāt]
folhas (f pl) de louro	laurierblad (het)	[lau'rir·blat]
páprica (f)	paprika (de)	['paprika]
cominho (m)	komijn (de)	[kɔ'mɛjn]
açafrão (m)	saffraan (de)	[saf'rān]

42. Refeições

comida (f)	eten (het)	['etən]
comer (vt)	eten	['etən]
pequeno-almoço (m)	ontbijt (het)	[ɔn'bɛjt]
tomar o pequeno-almoço	ontbijten	[ɔn'bɛjtən]
almoço (m)	lunch (de)	['lʉnʃ]
almoçar (vi)	lunchen	['lʉnʃən]
jantar (m)	avondeten (het)	['avɔntetən]
jantar (vi)	souperen	[su'perən]
apetite (m)	eetlust (de)	['ētlʉst]
Bom apetite!	Eet smakelijk!	[ēt 'smakələk]
abrir (~ uma lata, etc.)	openen	['ɔpənən]
derramar (vt)	morsen	['mɔrsən]
derramar-se (vr)	zijn gemorst	[zɛjn xɛ'mɔrst]
ferver (vi)	koken	['kɔkən]
ferver (vt)	koken	['kɔkən]
fervido	gekookt	[xə'kōkt]
arrefecer (vt)	afkoelen	['afkulən]
arrefecer-se (vr)	afkoelen	['afkulən]
sabor, gosto (m)	smaak (de)	[smāk]
gostinho (m)	nasmaak (de)	['nasmāk]
fazer dieta	volgen een dieet	['vɔlxə en di'ēt]
dieta (f)	dieet (het)	[di'ēt]
vitamina (f)	vitamine (de)	[vita'minə]
caloria (f)	calorie (de)	[kalɔ'ri]
vegetariano (m)	vegetariër (de)	[vəxɛ'tarier]
vegetariano	vegetarisch	[vəxɛ'taris]
gorduras (f pl)	vetten	['vɛtən]
proteínas (f pl)	eiwitten	['ɛjwitən]
carboidratos (m pl)	koolhydraten	[kōlhi'dratən]
fatia (~ de limão, etc.)	snede (de)	['snedə]
pedaço (~ de bolo)	stuk (het)	[stʉk]
migalha (f)	kruimel (de)	['krœʏməl]

43. Por a mesa

colher (f)	lepel (de)	['lepəl]
faca (f)	mes (het)	[mɛs]
garfo (m)	vork (de)	[vɔrk]
chávena (f)	kopje (het)	['kɔpjə]
prato (m)	bord (het)	[bɔrt]
pires (m)	schoteltje (het)	['sxɔteltʃə]
guardanapo (m)	servet (het)	[sɛr'vɛt]
palito (m)	tandenstoker (de)	['tandən·'stɔkər]

44. Restaurante

restaurante (m)	restaurant (het)	[rɛsto'rant]
café (m)	koffiehuis (het)	['kɔfi·hœʏs]
bar (m), cervejaria (f)	bar (de)	[bar]
salão (m) de chá	tearoom (de)	['ti·rõm]
empregado (m) de mesa	kelner, ober (de)	['kɛlnər], ['ɔbər]
empregada (f) de mesa	serveerster (de)	[sɛr'vērstər]
barman (m)	barman (de)	['barman]
ementa (f)	menu (het)	[me'nʉ]
lista (f) de vinhos	wijnkaart (de)	['wɛjn·kārt]
reservar uma mesa	een tafel reserveren	[en 'tafəl rezər'verən]
prato (m)	gerecht (het)	[xe'rɛht]
pedir (vt)	bestellen	[bə'stɛlən]
fazer o pedido	een bestelling maken	[en bə'stɛliŋ 'makən]
aperitivo (m)	aperitief (de/het)	[aperi'tif]
entrada (f)	voorgerecht (het)	['vōrxərɛht]
sobremesa (f)	dessert (het)	[dɛ'sɛ:r]
conta (f)	rekening (de)	['rekəniŋ]
pagar a conta	de rekening betalen	[də 'rekəniŋ bə'talən]
dar o troco	wisselgeld teruggeven	['wisəl·xɛlt tɛ'rʉxevən]
gorjeta (f)	fooi (de)	[fōj]

Família, parentes e amigos

45. Informação pessoal. Formulários

nome (m)	naam (de)	[nãm]
apelido (m)	achternaam (de)	['axtər·nãm]
data (f) de nascimento	geboortedatum (de)	[xə'bõrtə·datʉm]
local (m) de nascimento	geboorteplaats (de)	[xə'bõrtə·plãts]
nacionalidade (f)	nationaliteit (de)	[natsjɔnali'tɛjt]
lugar (m) de residência	woonplaats (de)	['wõm·plãts]
país (m)	land (het)	[lant]
profissão (f)	beroep (het)	[bə'rup]
sexo (m)	geslacht (het)	[xə'slaht]
estatura (f)	lengte (de)	['lɛŋtə]
peso (m)	gewicht (het)	[xə'wixt]

46. Membros da família. Parentes

mãe (f)	moeder (de)	['mudər]
pai (m)	vader (de)	['vadər]
filho (m)	zoon (de)	[zõn]
filha (f)	dochter (de)	['dɔxtər]
filha (f) mais nova	jongste dochter (de)	['jɔŋstə 'dɔxtər]
filho (m) mais novo	jongste zoon (de)	['jɔŋstə zõn]
filha (f) mais velha	oudste dochter (de)	['audstə 'dɔxtər]
filho (m) mais velho	oudste zoon (de)	['audstə zõn]
irmão (m)	broer (de)	[brur]
irmão (m) mais velho	oudere broer (de)	['audərə brur]
irmão (m) mais novo	jongere broer (de)	['jɔŋərə brur]
irmã (f)	zuster (de)	['zʉstər]
irmã (f) mais velha	oudere zuster (de)	['audərə 'zʉstər]
irmã (f) mais nova	jongere zuster (de)	['jɔŋərə 'zʉstər]
primo (m)	neef (de)	[nẽf]
prima (f)	nicht (de)	[nixt]
mamã (f)	mama (de)	['mama]
papá (m)	papa (de)	['papa]
pais (pl)	ouders	['audərs]
criança (f)	kind (het)	[kint]
crianças (f pl)	kinderen	['kindərən]
avó (f)	oma (de)	['ɔma]
avô (m)	opa (de)	['ɔpa]
neto (m)	kleinzoon (de)	[klɛjn·zõn]

neta (f)	kleindochter (de)	[klɛjn·'dɔxtər]
netos (pl)	kleinkinderen	[klɛjn·'kindərən]
tio (m)	oom (de)	[ōm]
tia (f)	tante (de)	['tantə]
sobrinho (m)	neef (de)	[nēf]
sobrinha (f)	nicht (de)	[nixt]
sogra (f)	schoonmoeder (de)	['sxōn·mudər]
sogro (m)	schoonvader (de)	['sxōn·vadər]
genro (m)	schoonzoon (de)	['sxōn·zōn]
madrasta (f)	stiefmoeder (de)	['stif·mudər]
padrasto (m)	stiefvader (de)	['stif·vadər]
criança (f) de colo	zuigeling (de)	['zœʏxəliŋ]
bebé (m)	wiegenkind (het)	['wixən·kint]
menino (m)	kleuter (de)	['kløtər]
mulher (f)	vrouw (de)	['vrau]
marido (m)	man (de)	[man]
esposo (m)	echtgenoot (de)	['ɛhtxənōt]
esposa (f)	echtgenote (de)	['ɛhtxənɔtə]
casado	gehuwd	[xə'hʉwt]
casada	gehuwd	[xə'hʉwt]
solteiro	ongehuwd	[ɔnhə'hʉwt]
solteirão (m)	vrijgezel (de)	[vrɛjxə'zɛl]
divorciado	gescheiden	[xə'sxɛjdən]
viúva (f)	weduwe (de)	['wedʉwə]
viúvo (m)	weduwnaar (de)	['wedʉwnār]
parente (m)	familielid (het)	[fa'mililit]
parente (m) próximo	dichte familielid (het)	['dixtə fa'mililit]
parente (m) distante	verre familielid (het)	['vɛrə fa'mililit]
parentes (m pl)	familieleden	[fa'mili'ledən]
órfão (m), órfã (f)	wees (de), weeskind (het)	[wēs], ['wēskint]
tutor (m)	voogd (de)	[vōxt]
adotar (um filho)	adopteren	[adɔp'terən]
adotar (uma filha)	adopteren	[adɔp'terən]

Medicina

47. Doenças

doença (f)	ziekte (de)	['ziktə]
estar doente	ziek zijn	[zik zɛjn]
saúde (f)	gezondheid (de)	[xə'zɔnthɛjt]
nariz (m) a escorrer	snotneus (de)	[snɔt'nøs]
amigdalite (f)	angina (de)	[an'xina]
constipação (f)	verkoudheid (de)	[vər'kauthɛjt]
constipar-se (vr)	verkouden raken	[vər'kaudən 'rakən]
bronquite (f)	bronchitis (de)	[brɔn'xitis]
pneumonia (f)	longontsteking (de)	['lɔŋ·ɔntstekiŋ]
gripe (f)	griep (de)	[xrip]
míope	bijziend	[bɛj'zint]
presbita	verziend	['vɛrzint]
estrabismo (m)	scheelheid (de)	['sxēlxɛjt]
estrábico	scheel	[sxēl]
catarata (f)	grauwe staar (de)	['xrauə stār]
glaucoma (m)	glaucoom (het)	[xlau'kōm]
AVC (m), apoplexia (f)	beroerte (de)	[bə'rurtə]
ataque (m) cardíaco	hartinfarct (het)	['hart·in'farkt]
enfarte (m) do miocárdio	myocardiaal infarct (het)	[miokardi'āl in'farkt]
paralisia (f)	verlamming (de)	[vər'lamiŋ]
paralisar (vt)	verlammen	[vər'lamən]
alergia (f)	allergie (de)	[alɛr'xi]
asma (f)	astma (de/het)	['astma]
diabetes (f)	diabetes (de)	[dia'betəs]
dor (f) de dentes	tandpijn (de)	['tand·pɛjn]
cárie (f)	tandbederf (het)	['tand·bə'dɛrf]
diarreia (f)	diarree (de)	[dia'rē]
prisão (f) de ventre	constipatie (de)	[kɔnsti'patsi]
desarranjo (m) intestinal	maagstoornis (de)	['māx·stōrnis]
intoxicação (f) alimentar	voedselvergiftiging (de)	['vudsəl·vər'xiftəxiŋ]
intoxicar-se	voedselvergiftiging oplopen	['vudsəl·vər'xiftəxiŋ 'ɔplɔpən]
artrite (f)	artritis (de)	[ar'tritis]
raquitismo (m)	rachitis (de)	[ra'xitis]
reumatismo (m)	reuma (het)	['røma]
arteriosclerose (f)	arteriosclerose (de)	[artɛrioskle'rozə]
gastrite (f)	gastritis (de)	[xas'tritis]
apendicite (f)	blindedarmontsteking (de)	[blində'darm·ɔntstɛkiŋ]

colecistite (f)	galblaasontsteking (de)	['xalblaxāns·ɔnt'stɛkiŋ]
úlcera (f)	zweer (de)	[zwēr]
sarampo (m)	mazelen	['mazelən]
rubéola (f)	rodehond (de)	['rɔdəhɔnt]
iterícia (f)	geelzucht (de)	['xēlzʉht]
hepatite (f)	leverontsteking (de)	['levər ɔnt'stekiŋ]
esquizofrenia (f)	schizofrenie (de)	[sxitsɔfrə'ni]
raiva (f)	dolheid (de)	['dɔlhɛjt]
neurose (f)	neurose (de)	['nø'rɔzə]
comoção (f) cerebral	hersenschudding (de)	['hɛrsən·sxjudiŋ]
cancro (m)	kanker (de)	['kankər]
esclerose (f)	sclerose (de)	[skle'rɔzə]
esclerose (f) múltipla	multiple sclerose (de)	['mʉltiplə skle'rɔzə]
alcoolismo (m)	alcoholisme (het)	[alkɔhɔ'lismə]
alcoólico (m)	alcoholicus (de)	[alkɔ'hɔlikʉs]
sífilis (f)	syfilis (de)	['sifilis]
SIDA (f)	AIDS (de)	[ets]
tumor (m)	tumor (de)	['tʉmɔr]
maligno	kwaadaardig	['kwāt·'ārdəx]
benigno	goedaardig	[xu'tārdəx]
febre (f)	koorts (de)	[kōrts]
malária (f)	malaria (de)	[ma'laria]
gangrena (f)	gangreen (het)	[xanx'rēn]
enjoo (m)	zeeziekte (de)	[zē·'ziktə]
epilepsia (f)	epilepsie (de)	[ɛpilɛp'si]
epidemia (f)	epidemie (de)	[ɛpidə'mi]
tifo (m)	tyfus (de)	['tifʉs]
tuberculose (f)	tuberculose (de)	[tʉbərkʉ'lɔzə]
cólera (f)	cholera (de)	['xɔlera]
peste (f)	pest (de)	[pɛst]

48. Sintomas. Tratamentos. Parte 1

sintoma (m)	symptoom (het)	[simp'tōm]
temperatura (f)	temperatuur (de)	[tɛmpəra'tūr]
febre (f)	verhoogde temperatuur (de)	[vər'hōxtə tɛmpəra'tūr]
pulso (m)	polsslag (de)	['pɔls·slax]
vertigem (f)	duizeling (de)	['dœʏzəliŋ]
quente (testa, etc.)	heet	[hēt]
calafrio (m)	koude rillingen	['kaudə 'riliŋən]
pálido	bleek	[blēk]
tosse (f)	hoest (de)	[hust]
tossir (vi)	hoesten	['hustən]
espirrar (vi)	niezen	['nizən]

desmaio (m)	flauwte (de)	['flautə]
desmaiar (vi)	flauwvallen	['flauvalən]
nódoa (f) negra	blauwe plek (de)	['blauə plɛk]
galo (m)	buil (de)	['bœʏl]
magoar-se (vr)	zich stoten	[zix 'stɔtən]
pisadura (f)	kneuzing (de)	['knøziŋ]
aleijar-se (vr)	kneuzen	['knøzən]
coxear (vi)	hinken	['hinkən]
deslocação (f)	verstuiking (de)	[vər'stœʏkiŋ]
deslocar (vt)	verstuiken	[vər'stœʏkən]
fratura (f)	breuk (de)	['brøk]
fraturar (vt)	een breuk oplopen	[en 'brøk 'ɔplɔpən]
corte (m)	snijwond (de)	['snɛj·wɔnt]
cortar-se (vr)	zich snijden	[zix snɛjdən]
hemorragia (f)	bloeding (de)	['bludiŋ]
queimadura (f)	brandwond (de)	['brant·wɔnt]
queimar-se (vr)	zich branden	[zix 'brandən]
picar (vt)	prikken	['prikən]
picar-se (vr)	zich prikken	[zix 'prikən]
lesionar (vt)	blesseren	[blɛ'serən]
lesão (m)	blessure (de)	[blɛ'sʉrə]
ferida (f), ferimento (m)	wond (de)	[wɔnt]
trauma (m)	trauma (het)	['trauma]
delirar (vi)	ijlen	['ɛjlən]
gaguejar (vi)	stotteren	['stɔtɛrən]
insolação (f)	zonnesteek (de)	['zɔnə·stĕk]

49. Sintomas. Tratamentos. Parte 2

dor (f)	pijn (de)	[pɛjn]
farpa (no dedo)	splinter (de)	['splinter]
suor (m)	zweet (het)	['zwĕt]
suar (vi)	zweten	['zwetən]
vómito (m)	braking (de)	['brakiŋ]
convulsões (f pl)	stuiptrekkingen	['stœʏp·'trɛkiŋən]
grávida	zwanger	['zwaŋər]
nascer (vi)	geboren worden	[xə'bɔrən 'wɔrdən]
parto (m)	geboorte (de)	[xə'bŏrtə]
dar à luz	baren	['barən]
aborto (m)	abortus (de)	[a'bɔrtʉs]
respiração (f)	ademhaling (de)	['adəmhaliŋ]
inspiração (f)	inademing (de)	['inademiŋ]
expiração (f)	uitademing (de)	['œʏtademiŋ]
expirar (vi)	uitademen	['œʏtademən]
inspirar (vi)	inademen	['inademən]

inválido (m)	invalide (de)	[inva'lidə]
aleijado (m)	gehandicapte (de)	[hə'handikaptə]
toxicodependente (m)	drugsverslaafde (de)	['drʉks·vər'slāfdə]
surdo	doof	[dōf]
mudo	stom	[stɔm]
surdo-mudo	doofstom	[dōf·'stɔm]
louco (adj.)	krankzinnig	[kraŋk'sinəx]
louco (m)	krankzinnige (de)	[kraŋk'sinəxə]
louca (f)	krankzinnige (de)	[kraŋk'sinəxə]
ficar louco	krankzinnig worden	[kraŋk'sinəx 'wɔrdən]
gene (m)	gen (het)	[xen]
imunidade (f)	immuniteit (de)	[imʉni'tɛjt]
hereditário	erfelijk	['ɛrfələk]
congénito	aangeboren	['ānxəbɔrən]
vírus (m)	virus (het)	['virʉs]
micróbio (m)	microbe (de)	[mik'rɔbə]
bactéria (f)	bacterie (de)	[bak'teri]
infeção (f)	infectie (de)	[in'fɛksi]

50. Sintomas. Tratamentos. Parte 3

hospital (m)	ziekenhuis (het)	['zikən·hœys]
paciente (m)	patiënt (de)	[pasi'ent]
diagnóstico (m)	diagnose (de)	[diax'nɔzə]
cura (f)	genezing (de)	[xə'neziŋ]
tratamento (m) médico	medische behandeling (de)	['mɛdisə bə'handəliŋ]
curar-se (vr)	onder behandeling zijn	['ɔndər bə'handəliŋ zɛjn]
tratar (vt)	behandelen	[bə'handələn]
cuidar (pessoa)	zorgen	['zɔrxən]
cuidados (m pl)	ziekenzorg (de)	['zikən·zɔrx]
operação (f)	operatie (de)	[ɔpe'ratsi]
enfaixar (vt)	verbinden	[vər'bindən]
enfaixamento (m)	verband (het)	[vər'bant]
vacinação (f)	vaccin (het)	[vaksən]
vacinar (vt)	inenten	['inɛntən]
injeção (f)	injectie (de)	[inj'eksi]
dar uma injeção	een injectie geven	[ɛn inj'eksi 'xɛvən]
ataque (~ de asma, etc.)	aanval (de)	['ānval]
amputação (f)	amputatie (de)	[ampʉ'tatsi]
amputar (vt)	amputeren	[ampʉ'terən]
coma (f)	coma (het)	['kɔma]
estar em coma	in coma liggen	[in 'kɔma 'lixən]
reanimação (f)	intensieve zorg, ICU (de)	[intən'sivə zɔrx], [isɛ'jʉ]
recuperar-se (vr)	zich herstellen	[zix hɛr'ʃtɛlən]
estado (~ de saúde)	toestand (de)	['tustant]

consciência (f)	bewustzijn (het)	[bə'wʉstsɛjn]
memória (f)	geheugen (het)	[xə'høxən]
tirar (vt)	trekken	['trɛkən]
chumbo (m), obturação (f)	vulling (de)	['vʉliŋ]
chumbar, obturar (vt)	vullen	['vʉlən]
hipnose (f)	hypnose (de)	['hipnɔzə]
hipnotizar (vt)	hypnotiseren	[hipnɔti'zerən]

51. Médicos

médico (m)	dokter, arts (de)	['dɔktər], [arts]
enfermeira (f)	ziekenzuster (de)	['zikən·zʉstər]
médico (m) pessoal	lijfarts (de)	['lɛjf·arts]
dentista (m)	tandarts (de)	['tand·arts]
oculista (m)	oogarts (de)	['ōx·arts]
terapeuta (m)	therapeut (de)	[tera'pøt]
cirurgião (m)	chirurg (de)	[ʃi'rʉrx]
psiquiatra (m)	psychiater (de)	[psixi'atər]
pediatra (m)	pediater (de)	[pedi'atər]
psicólogo (m)	psycholoog (de)	[psihɔ'lōx]
ginecologista (m)	gynaecoloog (de)	[xinekɔ'lōx]
cardiologista (m)	cardioloog (de)	[kardiɔ'lōx]

52. Medicina. Drogas. Acessórios

medicamento (m)	geneesmiddel (het)	[xə'nēsmidəl]
remédio (m)	middel (het)	['midəl]
receitar (vt)	voorschrijven	['vōrsxrɛjvən]
receita (f)	recept (het)	[re'sɛpt]
comprimido (m)	tablet (de/het)	[tab'lɛt]
pomada (f)	zalf (de)	[zalf]
ampola (f)	ampul (de)	[am'pʉl]
preparado (m)	drank (de)	[drank]
xarope (m)	siroop (de)	[si'rōp]
cápsula (f)	pil (de)	[pil]
remédio (m) em pó	poeder (de/het)	['pudər]
ligadura (f)	verband (het)	[vər'bant]
algodão (m)	watten	['watən]
iodo (m)	jodium (het)	['jodijum]
penso (m) rápido	pleister (de)	['plɛjstər]
conta-gotas (m)	pipet (de)	[pi'pɛt]
termómetro (m)	thermometer (de)	['tɛrmɔmetər]
seringa (f)	spuit (de)	['spœʏt]
cadeira (f) de rodas	rolstoel (de)	['rɔl·stul]
muletas (f pl)	krukken	['krʉkən]

analgésico (m)	**pijnstiller (de)**	['pɛjn·stilər]
laxante (m)	**laxeermiddel (het)**	[la'ksēr·midəl]
álcool (m) etílico	**spiritus (de)**	['spiritʉs]
ervas (f pl) medicinais	**medicinale kruiden**	[mɛdisi'nalə krœydən]
de ervas (chá ~)	**kruiden-**	['krœydən]

HABITAT HUMANO

Cidade

53. Cidade. Vida na cidade

cidade (f)	stad (de)	[stat]
capital (f)	hoofdstad (de)	['hōft·stat]
aldeia (f)	dorp (het)	[dɔrp]
mapa (m) da cidade	plattegrond (de)	['platə·xrɔnt]
centro (m) da cidade	centrum (het)	['sɛntrʉm]
subúrbio (m)	voorstad (de)	['vōrstat]
suburbano	voorstads-	['vōrstats]
periferia (f)	randgemeente (de)	['rant·xəmēntə]
arredores (m pl)	omgeving (de)	[ɔm'xeviŋ]
quarteirão (m)	blok (het)	[blɔk]
quarteirão (m) residencial	woonwijk (de)	['wōnvɛjk]
tráfego (m)	verkeer (het)	[vər'kēr]
semáforo (m)	verkeerslicht (het)	[vər'kērs·lixt]
transporte (m) público	openbaar vervoer (het)	[ɔpən'bār vər'vur]
cruzamento (m)	kruispunt (het)	['krœys·pynt]
passadeira (f)	zebrapad (het)	['zɛbra·pat]
passagem (f) subterrânea	onderdoorgang (de)	['ɔndər·'dōrxaŋ]
cruzar, atravessar (vt)	oversteken	[ɔvər'stekən]
peão (m)	voetganger (de)	['vutxaŋər]
passeio (m)	trottoir (het)	[trɔtu'ar]
ponte (f)	brug (de)	[brʉx]
margem (f) do rio	dijk (de)	[dɛjk]
fonte (f)	fontein (de)	[fɔn'tɛjn]
alameda (f)	allee (de)	[a'lē]
parque (m)	park (het)	[park]
bulevar (m)	boulevard (de)	[bulə'var]
praça (f)	plein (het)	[plɛjn]
avenida (f)	laan (de)	[lān]
rua (f)	straat (de)	[strāt]
travessa (f)	zijstraat (de)	['zɛj·strāt]
beco (m) sem saída	doodlopende straat (de)	[dōd'lɔpəndə strāt]
casa (f)	huis (het)	['hœys]
edifício, prédio (m)	gebouw (het)	[xə'bau]
arranha-céus (m)	wolkenkrabber (de)	['wɔlkən·'krabər]
fachada (f)	gevel (de)	['xevəl]
telhado (m)	dak (het)	[dak]

janela (f)	venster (het)	['vɛnstər]
arco (m)	boog (de)	[bōx]
coluna (f)	pilaar (de)	[pi'lār]
esquina (f)	hoek (de)	[huk]
montra (f)	vitrine (de)	[vit'rinə]
letreiro (m)	gevelreclame (de)	['xevəl·re'klamə]
cartaz (m)	affiche (de/het)	[a'fiʃə]
cartaz (m) publicitário	reclameposter (de)	[re'klamə·'pɔstər]
painel (m) publicitário	aanplakbord (het)	['ānplak·'bɔrt]
lixo (m)	vuilnis (de/het)	['vœylnis]
cesta (f) do lixo	vuilnisbak (de)	['vœylnis·bak]
jogar lixo na rua	afval weggooien	['afval 'wɛxōjən]
aterro (m) sanitário	stortplaats (de)	['stɔrt·plāts]
cabine (f) telefónica	telefooncel (de)	[telə'fōn·səl]
candeeiro (m) de rua	straatlicht (het)	['strāt·lixt]
banco (m)	bank (de)	[bank]
polícia (m)	politieagent (de)	[pɔ'litsi·a'xɛnt]
polícia (instituição)	politie (de)	[pɔ'litsi]
mendigo (m)	zwerver (de)	['zwɛrvər]
sem-abrigo (m)	dakloze (de)	[dak'lɔzə]

54. Instituições urbanas

loja (f)	winkel (de)	['winkəl]
farmácia (f)	apotheek (de)	[apɔ'tēk]
ótica (f)	optiek (de)	[ɔp'tik]
centro (m) comercial	winkelcentrum (het)	['winkəl·'sɛntrʉm]
supermercado (m)	supermarkt (de)	['sʉpərmarkt]
padaria (f)	bakkerij (de)	['bakərɛj]
padeiro (m)	bakker (de)	['bakər]
pastelaria (f)	banketbakkerij (de)	[ban'ket·bakə'rɛj]
mercearia (f)	kruidenier (de)	[krœydə'nir]
talho (m)	slagerij (de)	[slaxə'rɛj]
loja (f) de legumes	groentewinkel (de)	['xruntə·'winkəl]
mercado (m)	markt (de)	[markt]
café (m)	koffiehuis (het)	['kɔfi·hœys]
restaurante (m)	restaurant (het)	[rɛstɔ'rant]
bar (m), cervejaria (f)	bar (de)	[bar]
pizzaria (f)	pizzeria (de)	[pitsə'rija]
salão (m) de cabeleireiro	kapperssalon (de/het)	['kapərs·sa'lɔn]
correios (m pl)	postkantoor (het)	[pɔst·kan'tōr]
lavandaria (f)	stomerij (de)	[stɔmɛ'rɛj]
estúdio (m) fotográfico	fotostudio (de)	[fɔtɔ·'stʉdiɔ]
sapataria (f)	schoenwinkel (de)	['sxun·'winkəl]
livraria (f)	boekhandel (de)	['bukən·'handəl]

loja (f) de artigos de desporto	sportwinkel (de)	['spɔrt·'winkəl]
reparação (f) de roupa	kledingreparatie (de)	['kledɪŋ·repa'ratsi]
aluguer (m) de roupa	kledingverhuur (de)	['kledɪŋ·vər'hūr]
aluguer (m) de filmes	videotheek (de)	[videɔ'tēk]

circo (m)	circus (de/het)	['sirkʉs]
jardim (m) zoológico	dierentuin (de)	['dīrən·tœʏn]
cinema (m)	bioscoop (de)	[biɔ'skōp]
museu (m)	museum (het)	[mʉ'zejum]
biblioteca (f)	bibliotheek (de)	[bibliɔ'tēk]

teatro (m)	theater (het)	[te'atər]
ópera (f)	opera (de)	['ɔpəra]
clube (m) noturno	nachtclub (de)	['naxt·klʉp]
casino (m)	casino (het)	[ka'sinɔ]

mesquita (f)	moskee (de)	[mɔs'kē]
sinagoga (f)	synagoge (de)	[sina'xɔxə]
catedral (f)	kathedraal (de)	[kate'drāl]
templo (m)	tempel (de)	['tɛmpəl]
igreja (f)	kerk (de)	[kɛrk]

instituto (m)	instituut (het)	[insti'tūt]
universidade (f)	universiteit (de)	[junivɛrsi'tɛjt]
escola (f)	school (de)	[sxōl]

prefeitura (f)	gemeentehuis (het)	[xə'mēntə·hœʏs]
câmara (f) municipal	stadhuis (het)	['stat·hœʏs]
hotel (m)	hotel (het)	[hɔ'tɛl]
banco (m)	bank (de)	[bank]

embaixada (f)	ambassade (de)	[amba'sadə]
agência (f) de viagens	reisbureau (het)	[rɛjs·bʉ'rɔ]
agência (f) de informações	informatieloket (het)	[infɔr'matsi·lɔ'kɛt]
casa (f) de câmbio	wisselkantoor (het)	['wisəl·kan'tōr]

| metro (m) | metro (de) | ['metrɔ] |
| hospital (m) | ziekenhuis (het) | ['zikən·hœʏs] |

| posto (m) de gasolina | benzinestation (het) | [bɛn'zinə·sta'tsjɔn] |
| parque (m) de estacionamento | parking (de) | ['parkɪŋ] |

55. Sinais

letreiro (m)	gevelreclame (de)	['xevəl·re'klamə]
inscrição (f)	opschrift (het)	['ɔpsxrift]
cartaz, póster (m)	poster (de)	['pɔstər]
sinal (m) informativo	wegwijzer (de)	['wɛx·wɛjzər]
seta (f)	pijl (de)	[pɛjl]

aviso (advertência)	waarschuwing (de)	['wārsxjuvɪŋ]
sinal (m) de aviso	waarschuwingsbord (het)	['wārsxjuvɪŋs·bɔrt]
avisar, advertir (vt)	waarschuwen	['wārsxjuvən]
dia (m) de folga	vrije dag (de)	['vrɛjə dax]

| horário (m) | dienstregeling (de) | [dinst·'rexəliŋ] |
| horário (m) de funcionamento | openingsuren | ['ɔpəniŋs·ʉrən] |

BEM-VINDOS!	WELKOM!	['wɛlkɔm]
ENTRADA	INGANG	['inxaŋ]
SAÍDA	UITGANG	['œʏtxaŋ]

EMPURRE	DUWEN	['dʉwən]
PUXE	TREKKEN	['trɛkən]
ABERTO	OPEN	['ɔpən]
FECHADO	GESLOTEN	[xə'slɔtən]

| MULHER | DAMES | ['daməs] |
| HOMEM | HEREN | ['herən] |

DESCONTOS	KORTING	['kɔrtiŋ]
SALDOS	UITVERKOOP	['œʏtverkōp]
NOVIDADE!	NIEUW!	[niu]
GRÁTIS	GRATIS	['xratis]

ATENÇÃO!	PAS OP!	[pas 'ɔp]
NÃO HÁ VAGAS	VOLGEBOEKT	['vɔlxəbukt]
RESERVADO	GERESERVEERD	[xərezər'vērt]

ADMINISTRAÇÃO	ADMINISTRATIE	[atminist'ratsi]
SOMENTE PESSOAL	ALLEEN VOOR	[a'lēn vōr
AUTORIZADO	PERSONEEL	pərsɔ'nēl]

CUIDADO CÃO FEROZ	GEVAARLIJKE HOND	[xe'vārləkə hɔnt]
PROIBIDO FUMAR!	VERBODEN TE ROKEN!	[vər'bɔdən tə 'rɔkən]
NÃO TOCAR	NIET AANRAKEN!	[nit ān'rakən]

PERIGOSO	GEVAARLIJK	[xe'vārlək]
PERIGO	GEVAAR	[xe'vār]
ALTA TENSÃO	HOOGSPANNING	[hōh·'spaniŋ]
PROIBIDO NADAR	VERBODEN TE ZWEMMEN	[vər'bɔdən tə 'zwɛmən]
AVARIADO	BUITEN GEBRUIK	['bœʏtən xəbrœʏk]

INFLAMÁVEL	ONTVLAMBAAR	[ɔnt'flambār]
PROIBIDO	VERBODEN	[vər'bɔdən]
ENTRADA PROIBIDA	DOORGANG VERBODEN	['dōrxaŋ vər'bɔdən]
CUIDADO TINTA FRESCA	OPGELET PAS GEVERFD	[ɔpxe'lɛt pas xə'verft]

56. Transportes urbanos

autocarro (m)	bus, autobus (de)	[bʉs], ['autɔbʉs]
elétrico (m)	tram (de)	[trɛm]
troleicarro (m)	trolleybus (de)	['trɔlibʉs]
itinerário (m)	route (de)	['rutə]
número (m)	nummer (het)	['nʉmər]

ir de … (carro, etc.)	rijden met …	['rɛjdən mɛt]
entrar (~ no autocarro)	stappen	['stapən]
descer de …	afstappen	['afstapən]

paragem (f)	halte (de)	['haltə]
próxima paragem (f)	volgende halte (de)	['vɔlxəndə 'haltə]
ponto (m) final	eindpunt (het)	['ɛjnt·pʉnt]
horário (m)	dienstregeling (de)	[dinst·'rexəliŋ]
esperar (vt)	wachten	['waxtən]

| bilhete (m) | kaartje (het) | ['kārtʃə] |
| custo (m) do bilhete | reiskosten (de) | ['rɛjs·kɔstən] |

bilheteiro (m)	kassier (de)	[ka'sir]
controlo (m) dos bilhetes	kaartcontrole (de)	['kārt·kɔn'trɔlə]
revisor (m)	controleur (de)	[kɔntrɔ'lør]

atrasar-se (vr)	te laat zijn	[tə 'lāt zɛjn]
perder (o autocarro, etc.)	missen (de bus ~)	['misən]
estar com pressa	zich haasten	[zix 'hāstən]

táxi (m)	taxi (de)	['taksi]
taxista (m)	taxichauffeur (de)	['taksi·ʃɔ'før]
de táxi (ir ~)	met de taxi	[mɛt də 'taksi]
praça (f) de táxis	taxistandplaats (de)	['taksi·'stant·plāts]
chamar um táxi	een taxi bestellen	[en 'taksi bə'stɛlən]
apanhar um táxi	een taxi nemen	[en 'taksi 'nemən]

tráfego (m)	verkeer (het)	[vər'kēr]
engarrafamento (m)	file (de)	['filə]
horas (f pl) de ponta	spitsuur (het)	['spits·ūr]
estacionar (vi)	parkeren	[par'kerən]
estacionar (vt)	parkeren	[par'kerən]
parque (m) de estacionamento	parking (de)	['parkiŋ]

metro (m)	metro (de)	['metrɔ]
estação (f)	halte (de)	['haltə]
ir de metro	de metro nemen	[də 'metrɔ 'nemən]
comboio (m)	trein (de)	[trɛjn]
estação (f)	station (het)	[sta'tsjɔn]

57. Turismo

monumento (m)	monument (het)	[mɔnʉ'mɛnt]
fortaleza (f)	vesting (de)	['vɛstiŋ]
palácio (m)	paleis (het)	[pa'lɛjs]
castelo (m)	kasteel (het)	[kas'tēl]
torre (f)	toren (de)	['tɔrən]
mausoléu (m)	mausoleum (het)	[mauzɔ'leum]

arquitetura (f)	architectuur (de)	[arʃitək'tūr]
medieval	middeleeuws	['midəlēws]
antigo	oud	['aut]
nacional	nationaal	[natsjɔ'nāl]
conhecido	bekend	[bə'kɛnt]

| turista (m) | toerist (de) | [tu'rist] |
| guia (pessoa) | gids (de) | [xits] |

excursão (f)	rondleiding (de)	['rɔntlɛjdiŋ]
mostrar (vt)	tonen	['tonən]
contar (vt)	vertellen	[vər'tɛlən]

encontrar (vt)	vinden	['vindən]
perder-se (vr)	verdwalen	[vərd'walən]
mapa (~ do metrô)	plattegrond (de)	['platə·xrɔnt]
mapa (~ da cidade)	plattegrond (de)	['platə·xrɔnt]

lembrança (f), presente (m)	souvenir (het)	[suve'nir]
loja (f) de presentes	souvenirwinkel (de)	[suve'nir·'winkəl]
fotografar (vt)	foto's maken	['fotos 'makən]
fotografar-se	zich laten fotograferen	[zih 'latən fotɔxra'ferən]

58. Compras

comprar (vt)	kopen	['kɔpən]
compra (f)	aankoop (de)	['ānkɔp]
fazer compras	winkelen	['winkələn]
compras (f pl)	winkelen (het)	['winkələn]

| estar aberta (loja, etc.) | open zijn | ['ɔpən zɛjn] |
| estar fechada | gesloten zijn | [xə'slɔtən zɛjn] |

calçado (m)	schoeisel (het)	['sxuisəl]
roupa (f)	kleren (mv.)	['klerən]
cosméticos (m pl)	cosmetica (mv.)	[kɔs'metika]
alimentos (m pl)	voedingswaren	['vudiŋs·warən]
presente (m)	geschenk (het)	[xə'sxɛnk]

| vendedor (m) | verkoper (de) | [vər'kopər] |
| vendedora (f) | verkoopster (de) | [vər'kōpstər] |

caixa (f)	kassa (de)	['kasa]
espelho (m)	spiegel (de)	['spixəl]
balcão (m)	toonbank (de)	['tōn·bank]
cabine (f) de provas	paskamer (de)	['pas·kamər]

provar (vt)	aanpassen	['ānpasən]
servir (vi)	passen	['pasən]
gostar (apreciar)	bevallen	[bə'valən]

preço (m)	prijs (de)	[prɛjs]
etiqueta (f) de preço	prijskaartje (het)	['prɛjs·'kārtʃə]
custar (vt)	kosten	['kɔstən]
Quanto?	Hoeveel?	[hu'vēl]
desconto (m)	korting (de)	['kɔrtiŋ]

não caro	niet duur	[nit dūr]
barato	goedkoop	[xut'kōp]
caro	duur	[dūr]
É caro	Dat is duur.	[dat is 'dūr]
aluguer (m)	verhuur (de)	[vər'hūr]
alugar (vestidos, etc.)	huren	['hʉrən]

| crédito (m) | krediet (het) | [kre'dit] |
| a crédito | op krediet | [ɔp kre'dit] |

59. Dinheiro

dinheiro (m)	geld (het)	[xɛlt]
câmbio (m)	ruil (de)	[rœyl]
taxa (f) de câmbio	koers (de)	[kurs]
Caixa Multibanco (m)	geldautomaat (de)	[xɛlt·autɔ'māt]
moeda (f)	muntstuk (de)	['mʉntstʉk]

| dólar (m) | dollar (de) | ['dɔlar] |
| euro (m) | euro (de) | [ørɔ] |

lira (f)	lire (de)	['lirə]
marco (m)	Duitse mark (de)	['dœytsə mark]
franco (m)	frank (de)	[frank]
libra (f) esterlina	pond sterling (het)	[pɔnt 'stɛrliŋ]
iene (m)	yen (de)	[jen]

dívida (f)	schuld (de)	[sxʉlt]
devedor (m)	schuldenaar (de)	['sxʉldənār]
emprestar (vt)	uitlenen	['œytlənən]
pedir emprestado	lenen	['lenən]

banco (m)	bank (de)	[bank]
conta (f)	bankrekening (de)	[bank·'rekəniŋ]
depositar (vt)	storten	['stɔrtən]
depositar na conta	op rekening storten	[ɔp 'rekəniŋ 'stɔrtən]
levantar (vt)	opnemen	['ɔpnemən]

cartão (m) de crédito	kredietkaart (de)	[kre'dit·kārt]
dinheiro (m) vivo	baar geld (het)	[bār 'xɛlt]
cheque (m)	cheque (de)	[ʃɛk]
passar um cheque	een cheque uitschrijven	[en ʃɛk œyt'sxrɛjvən]
livro (m) de cheques	chequeboekje (het)	[ʃɛk·'bukjə]

carteira (f)	portefeuille (de)	[pɔrtə'fœyə]
porta-moedas (m)	geldbeugel (de)	[xɛlt·'bøxəl]
cofre (m)	safe (de)	[sef]

herdeiro (m)	erfgenaam (de)	['ɛrfxənām]
herança (f)	erfenis (de)	['ɛrfənis]
fortuna (riqueza)	fortuin (het)	[fɔr'tœyn]

arrendamento (m)	huur (de)	[hūr]
renda (f) de casa	huurprijs (de)	['hūr·prɛjs]
alugar (vt)	huren	['hʉrən]

preço (m)	prijs (de)	[prɛjs]
custo (m)	kostprijs (de)	['kɔstprɛjs]
soma (f)	som (de)	[sɔm]
gastar (vt)	uitgeven	['œytxevən]
gastos (m pl)	kosten	['kɔstən]

economizar (vi)	bezuinigen	[bə'zœynəxən]
económico	zuinig	['zœynəx]
pagar (vt)	betalen	[bə'talən]
pagamento (m)	betaling (de)	[bə'taliŋ]
troco (m)	wisselgeld (het)	['wisəl·xɛlt]
imposto (m)	belasting (de)	[bə'lastiŋ]
multa (f)	boete (de)	['butə]
multar (vt)	beboeten	[bə'butən]

60. Correios. Serviço postal

correios (m pl)	postkantoor (het)	[pɔst·kan'tōr]
correio (m)	post (de)	[pɔst]
carteiro (m)	postbode (de)	['pɔst·bɔdə]
horário (m)	openingsuren	['ɔpəniŋs·ɵrən]
carta (f)	brief (de)	[brif]
carta (f) registada	aangetekende brief (de)	['ānxə'tekəndə brif]
postal (m)	briefkaart (de)	['brif·kārt]
telegrama (m)	telegram (het)	[teləx'ram]
encomenda (f) postal	postpakket (het)	[pɔstpa'ket]
remessa (f) de dinheiro	overschrijving (de)	[ɔvər'sxrɛjviŋ]
receber (vt)	ontvangen	[ɔnt'faŋən]
enviar (vt)	sturen	['stɵrən]
envio (m)	verzending (de)	[vər'zɛndiŋ]
endereço (m)	adres (het)	[ad'rɛs]
código (m) postal	postcode (de)	['pɔst·kɔdə]
remetente (m)	verzender (de)	[vər'zɛndər]
destinatário (m)	ontvanger (de)	[ɔnt'faŋər]
nome (m)	naam (de)	[nām]
apelido (m)	achternaam (de)	['axtər·nām]
tarifa (f)	tarief (het)	[ta'rif]
ordinário	standaard	['standārt]
económico	zuinig	['zœynəx]
peso (m)	gewicht (het)	[xə'wixt]
pesar (estabelecer o peso)	afwegen	['afwexən]
envelope (m)	envelop (de)	[ɛnve'lɔp]
selo (m)	postzegel (de)	['pɔst·zexəl]
colar o selo	een postzegel plakken op	[en pɔst'zexəl 'plakən ɔp]

Moradia. Casa. Lar

61. Casa. Eletricidade

eletricidade (f)	elektriciteit (de)	[ɛlɛktrisi'tɛjt]
lâmpada (f)	lamp (de)	[lamp]
interruptor (m)	schakelaar (de)	['sxakəlār]
fusível (m)	zekering (de)	['zekəriŋ]
fio, cabo (m)	draad (de)	[drāt]
instalação (f) elétrica	bedrading (de)	[bə'dradiŋ]
contador (m) de eletricidade	elektriciteitsmeter (de)	[ɛlɛktrisi'tɛjt·'metər]
indicação (f), registo (m)	gegevens	[xə'xevəns]

62. Moradia. Mansão

casa (f) de campo	landhuisje (het)	['lant·hœyɕə]
vila (f)	villa (de)	['vila]
ala (~ do edifício)	vleugel (de)	['vløxəl]
jardim (m)	tuin (de)	['tœyn]
parque (m)	park (het)	[park]
estufa (f)	oranjerie (de)	[ɔranʒɛ'ri]
cuidar de ...	onderhouden	['ɔndər'haudən]
piscina (f)	zwembad (het)	['zwɛm·bat]
ginásio (m)	gym (het)	[ʒim]
campo (m) de ténis	tennisveld (het)	['tɛnis·vɛlt]
cinema (m)	bioscoopkamer (de)	[biɔ'skōp·'kamər]
garagem (f)	garage (de)	[xa'raʒə]
propriedade (f) privada	privé-eigendom (het)	[pri've-'ɛjxəndɔm]
terreno (m) privado	eigen terrein (het)	['ɛjxən te'rɛjn]
advertência (f)	waarschuwing (de)	['wārsxjuviŋ]
sinal (m) de aviso	waarschuwingsbord (het)	['wārsxjuviŋs·bɔrt]
guarda (f)	bewaking (de)	[bə'wakiŋ]
guarda (m)	bewaker (de)	[bə'wakər]
alarme (m)	inbraakalarm (het)	['inbrāk·a'larm]

63. Apartamento

apartamento (m)	appartement (het)	[apartə'mɛnt]
quarto (m)	kamer (de)	['kamər]
quarto (m) de dormir	slaapkamer (de)	['slāp·kamər]

sala (f) de jantar	eetkamer (de)	[ēt·'kamər]
sala (f) de estar	salon (de)	[sa'lɔn]
escritório (m)	studeerkamer (de)	[stu'dēr·'kamər]
antessala (f)	gang (de)	[xaŋ]
quarto (m) de banho	badkamer (de)	['bat·kamər]
toilette (lavabo)	toilet (het)	[tua'lɛt]
teto (m)	plafond (het)	[pla'fɔnt]
chão, soalho (m)	vloer (de)	[vlur]
canto (m)	hoek (de)	[huk]

64. Mobiliário. Interior

mobiliário (m)	meubels	['møbəl]
mesa (f)	tafel (de)	['tafəl]
cadeira (f)	stoel (de)	[stul]
cama (f)	bed (het)	[bɛt]
divã (m)	bankstel (het)	['bankstəl]
cadeirão (m)	fauteuil (de)	[fɔ'tøj]
estante (f)	boekenkast (de)	['bukən·kast]
prateleira (f)	boekenrek (het)	['bukən·rɛk]
guarda-vestidos (m)	kledingkast (de)	['kledɪŋ·kast]
cabide (m) de parede	kapstok (de)	['kapstɔk]
cabide (m) de pé	staande kapstok (de)	['stāndə 'kapstɔk]
cómoda (f)	commode (de)	[kɔ'mɔdə]
mesinha (f) de centro	salontafeltje (het)	[sa'lɔn·'tafəltʃə]
espelho (m)	spiegel (de)	['spixəl]
tapete (m)	tapijt (het)	[ta'pɛjt]
tapete (m) pequeno	tapijtje (het)	[ta'pɛjtʃə]
lareira (f)	haard (de)	[hārt]
vela (f)	kaars (de)	[kārs]
castiçal (m)	kandelaar (de)	['kandəlār]
cortinas (f pl)	gordijnen	[xɔr'dɛjnən]
papel (m) de parede	behang (het)	[bə'haŋ]
estores (f pl)	jaloezie (de)	[jalu'zi]
candeeiro (m) de mesa	bureaulamp (de)	[bʉ'rɔ·lamp]
candeeiro (m) de parede	wandlamp (de)	['want·lamp]
candeeiro (m) de pé	staande lamp (de)	['stāndə lamp]
lustre (m)	luchter (de)	['lʉxtər]
pé (de mesa, etc.)	poot (de)	[pōt]
braço (m)	armleuning (de)	[arm·'løniŋ]
costas (f pl)	rugleuning (de)	['rʉx·'løniŋ]
gaveta (f)	la (de)	[la]

65. Quarto de dormir

roupa (f) de cama	beddengoed (het)	[ˈbɛdən·xut]
almofada (f)	kussen (het)	[ˈkʉsən]
fronha (f)	kussenovertrek (de)	[ˈkʉsən·ˈɔvərtrɛk]
cobertor (m)	deken (de)	[ˈdekən]
lençol (m)	laken (het)	[ˈlakən]
colcha (f)	sprei (de)	[sprɛj]

66. Cozinha

cozinha (f)	keuken (de)	[ˈkøkən]
gás (m)	gas (het)	[xas]
fogão (m) a gás	gasfornuis (het)	[xas·fɔrˈnœys]
fogão (m) elétrico	elektrisch fornuis (het)	[ɛˈlɛktris fɔrˈnœys]
forno (m)	oven (de)	[ˈɔvən]
forno (m) de micro-ondas	magnetronoven (de)	[ˈmahnətrɔn·ˈɔvən]
frigorífico (m)	koelkast (de)	[ˈkul·kast]
congelador (m)	diepvriezer (de)	[dip·ˈvrizər]
máquina (f) de lavar louça	vaatwasmachine (de)	[ˈvãtwas·maˈʃinə]
moedor (m) de carne	vleesmolen (de)	[ˈvlēs·mɔlən]
espremedor (m)	vruchtenpers (de)	[ˈvrʉxtən·pɛrs]
torradeira (f)	toaster (de)	[ˈtōstər]
batedeira (f)	mixer (de)	[ˈmiksər]
máquina (f) de café	koffiemachine (de)	[ˈkɔfi·maˈʃinə]
cafeteira (f)	koffiepot (de)	[ˈkɔfi·pɔt]
moinho (m) de café	koffiemolen (de)	[ˈkɔfi·mɔlən]
chaleira (f)	fluitketel (de)	[ˈflœyt·ˈketəl]
bule (m)	theepot (de)	[ˈtē·pɔt]
tampa (f)	deksel (de/het)	[ˈdɛksəl]
coador (m) de chá	theezeefje (het)	[ˈtē·zefjə]
colher (f)	lepel (de)	[ˈlepəl]
colher (f) de chá	theelepeltje (het)	[tē·ˈlepəltʃə]
colher (f) de sopa	eetlepel (de)	[ēt·ˈlepəl]
garfo (m)	vork (de)	[vɔrk]
faca (f)	mes (het)	[mɛs]
louça (f)	vaatwerk (het)	[ˈvātwɛrk]
prato (m)	bord (het)	[bɔrt]
pires (m)	schoteltje (het)	[ˈsxɔteltʃə]
cálice (m)	likeurglas (het)	[liˈkør·xlas]
copo (m)	glas (het)	[xlas]
chávena (f)	kopje (het)	[ˈkɔpjə]
açucareiro (m)	suikerpot (de)	[sœykər·pɔt]
saleiro (m)	zoutvat (het)	[ˈzaut·vat]
pimenteiro (m)	pepervat (het)	[ˈpepər·vat]

manteigueira (f)	boterschaaltje (het)	['bɔtər·'sxāltʃe]
panela, caçarola (f)	pan (de)	[pan]
frigideira (f)	bakpan (de)	['bak·pan]
concha (f)	pollepel (de)	[pɔl·'lepəl]
passador (m)	vergiet (de/het)	[vər'xit]
bandeja (f)	dienblad (het)	['dinblat]
garrafa (f)	fles (de)	[fles]
boião (m) de vidro	glazen pot (de)	['xlazən pɔt]
lata (f)	blik (het)	[blik]
abre-garrafas (m)	flesopener (de)	[fles·'ɔpənər]
abre-latas (m)	blikopener (de)	[blik·'ɔpənər]
saca-rolhas (m)	kurkentrekker (de)	['kurkən·'trɛkər]
filtro (m)	filter (de/het)	['filtər]
filtrar (vt)	filteren	['filtərən]
lixo (m)	huisvuil (het)	['hœʏsvœʏl]
balde (m) do lixo	vuilnisemmer (de)	['vœʏlnis·'ɛmər]

67. Casa de banho

quarto (m) de banho	badkamer (de)	['bat·kamər]
água (f)	water (het)	['watər]
torneira (f)	kraan (de)	[krān]
água (f) quente	warm water (het)	[warm 'watər]
água (f) fria	koud water (het)	['kaut 'watər]
pasta (f) de dentes	tandpasta (de)	['tand·pasta]
escovar os dentes	tanden poetsen	['tandən 'putsən]
escova (f) de dentes	tandenborstel (de)	['tandən·'bɔrstəl]
barbear-se (vr)	zich scheren	[zix 'sxerən]
espuma (f) de barbear	scheercrème (de)	[sxēr·krɛ:m]
máquina (f) de barbear	scheermes (het)	['sxēr·mɛs]
lavar (vt)	wassen	['wasən]
lavar-se (vr)	een bad nemen	[en bat 'nemən]
duche (m)	douche (de)	[duʃ]
tomar um duche	een douche nemen	[en duʃ 'nemən]
banheira (f)	bad (het)	[bat]
sanita (f)	toiletpot (de)	[tua'lɛt·pɔt]
lavatório (m)	wastafel (de)	['was·tafəl]
sabonete (m)	zeep (de)	[zēp]
saboneteira (f)	zeepbakje (het)	['zēp·bakjə]
esponja (f)	spons (de)	[spɔns]
champô (m)	shampoo (de)	['ʃʌmpō]
toalha (f)	handdoek (de)	['handuk]
roupão (m) de banho	badjas (de)	['batjas]
lavagem (f)	was (de)	[was]
máquina (f) de lavar	wasmachine (de)	['was·ma'ʃinə]

| lavar a roupa | de was doen | [də was dun] |
| detergente (m) | waspoeder (de) | ['was·'pudər] |

68. Eletrodomésticos

televisor (m)	televisie (de)	[telə'vizi]
gravador (m)	cassettespeler (de)	[ka'sɛtə·'spelər]
videogravador (m)	videorecorder (de)	['videɔ·re'kɔrdər]
rádio (m)	radio (de)	['radiɔ]
leitor (m)	speler (de)	['spelər]

projetor (m)	videoprojector (de)	['videɔ·prɔ'jektɔr]
cinema (m) em casa	home theater systeem (het)	[hɔm te'jatər si'stēm]
leitor (m) de DVD	DVD-speler (de)	[deve'de-'spelər]
amplificador (m)	versterker (de)	[vər'stɛrkər]
console (f) de jogos	spelconsole (de)	['spɛl·kɔn'sɔlə]

câmara (f) de vídeo	videocamera (de)	['videɔ·'kaməra]
máquina (f) fotográfica	fotocamera (de)	['fotɔ·'kaməra]
câmara (f) digital	digitale camera (de)	[dixi'talə 'kaməra]

aspirador (m)	stofzuiger (de)	['stɔf·zœyxər]
ferro (m) de engomar	strijkijzer (het)	['strɛjk·ɛjzər]
tábua (f) de engomar	strijkplank (de)	['strɛjk·plank]

telefone (m)	telefoon (de)	[telə'fōn]
telemóvel (m)	mobieltje (het)	[mɔ'biltʃe]
máquina (f) de escrever	schrijfmachine (de)	['sxrɛjf·ma'ʃinə]
máquina (f) de costura	naaimachine (de)	['nāj·ma'ʃinə]

microfone (m)	microfoon (de)	[mikrɔ'fōn]
auscultadores (m pl)	koptelefoon (de)	['kɔp·telə'fōn]
controlo remoto (m)	afstandsbediening (de)	['afstants·bə'diniŋ]

CD (m)	CD (de)	[se'de]
cassete (f)	cassette (de)	[ka'sɛtə]
disco (m) de vinil	vinylplaat (de)	[vi'nil·plāt]

ATIVIDADES HUMANAS

Emprego. Negócios. Parte 1

69. Escritório. O trabalho no escritório

escritório (~ de advogados)	kantoor (het)	[kan'tōr]
escritório (do diretor, etc.)	kamer (de)	['kamər]
receção (f)	receptie (de)	[re'sɛpsi]
secretário (m)	secretaris (de)	[sekre'taris]
secretária (f)	secretaresse (de)	[sekreta'rɛsə]
diretor (m)	directeur (de)	[dirɛk'tør]
gerente (m)	manager (de)	['mɛnədʒər]
contabilista (m)	boekhouder (de)	[buk 'haudər]
empregado (m)	werknemer (de)	['wɛrknemər]
mobiliário (m)	meubilair (het)	['møbi'lɛr]
mesa (f)	tafel (de)	['tafəl]
cadeira (f)	bureaustoel (de)	[bʉ'rɔ·stul]
bloco (m) de gavetas	ladeblok (het)	['ladə·blɔk]
cabide (m) de pé	kapstok (de)	['kapstɔk]
computador (m)	computer (de)	[kɔm'pjutər]
impressora (f)	printer (de)	['printər]
fax (m)	fax (de)	[faks]
fotocopiadora (f)	kopieerapparaat (het)	[kɔpi'ēr·apa'rāt]
papel (m)	papier (het)	[pa'pir]
artigos (m pl) de escritório	kantoorartikelen	[kan'tōr·ar'tikelən]
tapete (m) de rato	muismat (de)	['mœys·mat]
folha (f) de papel	blad (het)	[blat]
pasta (f)	ordner (de)	['ɔrdnər]
catálogo (m)	catalogus (de)	[ka'talɔgʉs]
diretório (f) telefónico	telefoongids (de)	[telə'fōn·xits]
documentação (f)	documentatie (de)	[dɔkʉmen'tatsi]
brochura (f)	brochure (de)	[brɔ'ʃʉrə]
flyer (m)	flyer (de)	['flajər]
amostra (f)	monster (het), staal (de)	['mɔnstər], [stāl]
formação (f)	training (de)	['trɛjniŋ]
reunião (f)	vergadering (de)	[vər'xadəriŋ]
hora (f) de almoço	lunchpauze (de)	['lʉnʃ·'pauzə]
fazer uma cópia	een kopie maken	[en kɔ'pi 'makən]
tirar cópias	de kopieën maken	[de kɔ'piɛn makən]
receber um fax	een fax ontvangen	[en faks ɔnt'vaŋən]
enviar um fax	een fax versturen	[en faks vər'stʉrən]

fazer uma chamada	opbellen	['ɔpbelən]
responder (vt)	antwoorden	['antwõrdən]
passar (vt)	doorverbinden	['dõrvər'bindən]
marcar (vt)	afspreken	['afsprekən]
demonstrar (vt)	demonstreren	[demɔn'strerən]
estar ausente	absent zijn	[ap'sɛnt zɛjn]
ausência (f)	afwezigheid (de)	['afwezəxhɛjt]

70. Processos negociais. Parte 1

negócio (m)	bedrijf (het)	[bə'drɛjf]
ocupação (f)	zaak (de), beroep (het)	[zāk], [bə'rup]
firma, empresa (f)	firma (de)	['firma]
companhia (f)	bedrijf (het)	[bə'drɛjf]
corporação (f)	corporatie (de)	[kɔrpɔ'ratsi]
empresa (f)	onderneming (de)	['ɔndər'nemiŋ]
agência (f)	agentschap (het)	[a'xɛntsxap]
acordo (documento)	overeenkomst (de)	[ɔvər'ēnkɔmst]
contrato (m)	contract (het)	[kɔn'trakt]
acordo (transação)	transactie (de)	[tran'saksi]
encomenda (f)	bestelling (de)	[bə'stɛliŋ]
cláusulas (f pl), termos (m pl)	voorwaarde (de)	['võrwārdə]
por grosso (adv)	in het groot	[in ət xrõt]
por grosso (adj)	groothandels-	[xrõt·'handəls]
venda (f) por grosso	groothandel (de)	[xrõt·'handəl]
a retalho	kleinhandels-	[klɛjn·'handəls]
venda (f) a retalho	kleinhandel (de)	[klɛjn·'handəl]
concorrente (m)	concurrent (de)	[kɔnkju'rɛnt]
concorrência (f)	concurrentie (de)	[kɔnkju'rɛntsi]
competir (vi)	concurreren	[kɔnkju'rerən]
sócio (m)	partner (de)	['partnər]
parceria (f)	partnerschap (het)	['partnərsxap]
crise (f)	crisis (de)	['krisis]
bancarrota (f)	bankroet (het)	[bank'rut]
entrar em falência	bankroet gaan	[bank'rut xān]
dificuldade (f)	moeilijkheid (de)	['mujləkhɛjt]
problema (m)	probleem (het)	[prɔ'blēm]
catástrofe (f)	catastrofe (de)	[kata'strɔfə]
economia (f)	economie (de)	[ɛkɔnɔ'mi]
económico	economisch	[ɛkɔ'nɔmis]
recessão (f) económica	economische recessie (de)	[ɛkɔ'nɔmisə rɛ'sɛsi]
objetivo (m)	doel (het)	[dul]
tarefa (f)	taak (de)	[tāk]
comerciar (vi, vt)	handelen	['handelən]
rede (de distribuição)	netwerk (het)	['nɛtwɛrk]

estoque (m)	voorraad (de)	['vōr·rāt]
sortimento (m)	assortiment (het)	[asɔrti'mɛnt]

líder (m)	leider (de)	['lɛjdər]
grande (~ empresa)	groot	[xrōt]
monopólio (m)	monopolie (het)	[mɔnɔ'poli]

teoria (f)	theorie (de)	[teɔ'ri]
prática (f)	praktijk (de)	[prak'tɛjk]
experiência (falar por ~)	ervaring (de)	[ɛr'variŋ]
tendência (f)	tendentie (de)	[ten'dɛnsi]
desenvolvimento (m)	ontwikkeling (de)	[ɔnt'wikəliŋ]

71. Processos negociais. Parte 2

rentabilidade (f)	voordeel (het)	['vōrdēl]
rentável	voordelig	[vōr'deləx]

delegação (f)	delegatie (de)	[dele'xatsi]
salário, ordenado (m)	salaris (het)	[sa'laris]
corrigir (um erro)	corrigeren	[kɔri'dʒɛrən]
viagem (f) de negócios	zakenreis (de)	['zakən·rɛjs]
comissão (f)	commissie (de)	[kɔ'misi]

controlar (vt)	controleren	[kɔntrɔ'lerən]
conferência (f)	conferentie (de)	[kɔnfə'rɛntsi]
licença (f)	licentie (de)	[li'sɛntsi]
confiável	betrouwbaar	[bə'traubār]

empreendimento (m)	aanzet (de)	['ānzɛt]
norma (f)	norm (de)	[nɔrm]
circunstância (f)	omstandigheid (de)	[ɔm'standəxhɛjt]
dever (m)	taak, plicht (de)	[tāk], [plixt]

empresa (f)	organisatie (de)	[ɔrxani'zatsi]
organização (f)	organisatie (de)	[ɔrxani'zatsi]
organizado	georganiseerd	[xeorxani'zērt]
anulação (f)	afzegging (de)	['afzɛxiŋ]
anular, cancelar (vt)	afzeggen	['afzɛxən]
relatório (m)	verslag (het)	[vər'slax]

patente (f)	patent (het)	[pa'tɛnt]
patentear (vt)	patenteren	[patɛn'terən]
planear (vt)	plannen	['planən]

prémio (m)	premie (de)	['premi]
profissional	professioneel	[prɔfesiɔ'nēl]
procedimento (m)	procedure (de)	[prɔsə'dɵrə]

examinar (a questão)	onderzoeken	['ɔndər'zukən]
cálculo (m)	berekening (de)	[bə'rekəniŋ]
reputação (f)	reputatie (de)	[repʉ'tatsi]
risco (m)	risico (het)	['rizikɔ]
dirigir (~ uma empresa)	beheren	[bə'herən]

informação (f)	informatie (de)	[infɔr'matsi]
propriedade (f)	eigendom (het)	['ɛjxəndɔm]
união (f)	unie (de)	['juni]
seguro (m) de vida	levensverzekering (de)	['levəns·vər'zekəriŋ]
fazer um seguro	verzekeren	[vər'zekərən]
seguro (m)	verzekering (de)	[vər'zekəriŋ]
leilão (m)	veiling (de)	['vɛjliŋ]
notificar (vt)	verwittigen	[vər'witixən]
gestão (f)	beheer (het)	[bə'hēr]
serviço (indústria de ~s)	dienst (de)	[dinst]
fórum (m)	forum (het)	['fɔrʉm]
funcionar (vi)	functioneren	[fʉnktsiɔ'nerən]
estágio (m)	stap, etappe (de)	[stap], [e'tapə]
jurídico	juridisch	[ju'ridis]
jurista (m)	jurist (de)	[ju'rist]

72. Produção. Trabalhos

usina (f)	fabriek (de)	[fab'rik]
fábrica (f)	fabriek (de)	[fab'rik]
oficina (f)	werkplaatsruimte (de)	['wɛrkplāts·'rœʏmtə]
local (m) de produção	productielocatie (de)	[prɔ'dʉktsi·lɔ'katsi]
indústria (f)	industrie (de)	[indʉs'tri]
industrial	industrieel	[indʉstri'ēl]
indústria (f) pesada	zware industrie (de)	['zwarə indʉs'tri]
indústria (f) ligeira	lichte industrie (de)	['lixtə indʉs'tri]
produção (f)	productie (de)	[prɔ'dʉksi]
produzir (vt)	produceren	[prɔdʉ'serən]
matérias-primas (f pl)	grondstof (de)	['xrɔnt·stɔf]
chefe (m) de brigada	voorman, ploegbaas (de)	['vōrman], ['pluxbās]
brigada (f)	ploeg (de)	[plux]
operário (m)	arbeider (de)	['arbɛjdər]
dia (m) de trabalho	werkdag (de)	['wɛrk·dax]
pausa (f)	pauze (de)	['pauzə]
reunião (f)	samenkomst (de)	['samənkɔmst]
discutir (vt)	bespreken	[bə'sprekən]
plano (m)	plan (het)	[plan]
cumprir o plano	het plan uitvoeren	[ət plan œʏt'vurən]
taxa (f) de produção	productienorm (de)	[prɔ'dʉktsi·nɔrm]
qualidade (f)	kwaliteit (de)	[kwali'tɛjt]
controlo (m)	controle (de)	[kɔn'trɔlə]
controlo (m) da qualidade	kwaliteitscontrole (de)	['kwali'tɛjts·kɔn'trɔlə]
segurança (f) no trabalho	arbeidsveiligheid (de)	['arbɛjds·'vɛjləxhɛjt]
disciplina (f)	discipline (de)	[disip'linə]
infração (f)	overtreding (de)	[ɔvər'trediŋ]

violar (as regras)	overtreden	[ɔvər'tredən]
greve (f)	staking (de)	['stakiŋ]
grevista (m)	staker (de)	['stakər]
estar em greve	staken	['stakən]
sindicato (m)	vakbond (de)	['vakbɔnt]
inventar (vt)	uitvinden	['œytvindən]
invenção (f)	uitvinding (de)	['œytvindiŋ]
pesquisa (f)	onderzoek (het)	['ɔndərzuk]
melhorar (vt)	verbeteren	[vər'betərən]
tecnologia (f)	technologie (de)	[tɛxnolɔ'ʒi]
desenho (m) técnico	technische tekening (de)	['tɛxnisə 'tekəniŋ]
carga (f)	vracht (de)	[vraxt]
carregador (m)	lader (de)	['ladər]
carregar (vt)	laden	['ladən]
carregamento (m)	laden (het)	['ladən]
descarregar (vt)	lossen	['lɔsən]
descarga (f)	lossen (het)	['lɔsən]
transporte (m)	transport (het)	[trans'pɔrt]
companhia (f) de transporte	transportbedrijf (de)	[trans'pɔrt·bəd'rɛjf]
transportar (vt)	transporteren	[transpɔr'terən]
vagão (m) de carga	goederenwagon (de)	['xuderən·wa'xɔn]
cisterna (f)	tank (de)	[tank]
camião (m)	vrachtwagen (de)	['vraht·'waxən]
máquina-ferramenta (f)	machine (de)	[ma'ʃinə]
mecanismo (m)	mechanisme (het)	[mexa'nismə]
resíduos (m pl) industriais	industrieel afval (het)	[industri'ēl 'afval]
embalagem (f)	verpakking (de)	[vər'pakiŋ]
embalar (vt)	verpakken	[vər'pakən]

73. Contrato. Acordo

contrato (m)	contract (het)	[kɔn'trakt]
acordo (m)	overeenkomst (de)	[ɔvər'ēnkɔmst]
adenda (f), anexo (m)	bijlage (de)	['bɛjlaxə]
assinar o contrato	een contract sluiten	[en kɔn'trakt 'slœytən]
assinatura (f)	handtekening (de)	['hand·'tekəniŋ]
assinar (vt)	ondertekenen	['ɔndər'tekənən]
carimbo (m)	stempel (de)	['stɛmpəl]
objeto (m) do contrato	voorwerp (het) van de overeenkomst	['vōrwərp van də ɔvə'rēnkɔmst]
cláusula (f)	clausule (de)	[klau'zulə]
partes (f pl)	partijen	[par'tɛjən]
morada (f) jurídica	vestigingsadres (het)	['vɛstəhiŋs·a'drɛs]
violar o contrato	het contract verbreken	[ət kɔn'trakt vər'brekən]
obrigação (f)	verplichting (de)	[vər'plixtiŋ]

responsabilidade (f)	verantwoordelijkheid (de)	[vərant·'wōrdələk 'hɛjt]
força (f) maior	overmacht (de)	['ɔvərmaxt]
litígio (m), disputa (f)	geschil (het)	[xə'sxil]
multas (f pl)	sancties	['sanksis]

74. Importação & Exportação

importação (f)	import (de)	['impɔrt]
importador (m)	importeur (de)	[impɔr'tør]
importar (vt)	importeren	[impɔr'terən]
de importação	import-	['impɔrt]

exportação (f)	uitvoer (de)	['œʏtvur]
exportador (m)	exporteur (de)	[ɛkspɔr'tør]
exportar (vt)	exporteren	[ɛkspɔr'terən]
de exportação	uitvoer-	['œʏtvur]

| mercadoria (f) | goederen | ['xudərən] |
| lote (de mercadorias) | partij (de) | [par'tɛj] |

peso (m)	gewicht (het)	[xə'wixt]
volume (m)	volume (het)	[vɔ'lʉmə]
metro (m) cúbico	kubieke meter (de)	[kʉ'bikə 'metər]

produtor (m)	producent (de)	[prodʉ'sɛnt]
companhia (f) de transporte	transportbedrijf (de)	[trans'pɔrt·bəd'rɛjf]
contentor (m)	container (de)	[kɔn'tenər]

fronteira (f)	grens (de)	[xrɛns]
alfândega (f)	douane (de)	[du'anə]
taxa (f) alfandegária	douanerecht (het)	[du'anə·rɛxt]
funcionário (m) da alfândega	douanier (de)	[dua'njē]
contrabando (atividade)	smokkelen (het)	['smɔkələn]
contrabando (produtos)	smokkelwaar (de)	['smɔkəl·wār]

75. Finanças

ação (f)	aandeel (het)	['āndēl]
obrigação (f)	obligatie (de)	[ɔbli'xatsi]
nota (f) promissória	wissel (de)	['wisəl]

| bolsa (f) | beurs (de) | ['børs] |
| cotação (m) das ações | aandelenkoers (de) | ['āndələn·kurs] |

| tornar-se mais barato | dalen | ['dalən] |
| tornar-se mais caro | stijgen | ['stɛjxən] |

| parte (f) | deel (het) | [dēl] |
| participação (f) maioritária | meerderheidsbelang (het) | ['mērdərhɛjts·bə'laŋ] |

| investimento (m) | investeringen | [invɛ'steriŋən] |
| investir (vt) | investeren | [invɛ'sterən] |

percentagem (f)	procent (het)	[prɔ'sɛnt]
juros (m pl)	rente (de)	['rentə]
lucro (m)	winst (de)	[winst]
lucrativo	winstgevend	[winst'xevənt]
imposto (m)	belasting (de)	[bə'lastiŋ]
divisa (f)	valuta (de)	[va'lʉta]
nacional	nationaal	[natsjɔ'nāl]
câmbio (m)	ruil (de)	[rœyl]
contabilista (m)	boekhouder (de)	[buk 'haudər]
contabilidade (f)	boekhouding (de)	[buk 'haudiŋ]
bancarrota (f)	bankroet (het)	[bank'rut]
falência (f)	ondergang (de)	['ɔndərxaŋ]
ruína (f)	faillissement (het)	[fajɪs'mɛnt]
arruinar-se (vr)	geruïneerd zijn	[xərui'nērt zɛjn]
inflação (f)	inflatie (de)	[in'flatsi]
desvalorização (f)	devaluatie (de)	[devalj'vatsi]
capital (m)	kapitaal (het)	[kapi'tāl]
rendimento (m)	inkomen (het)	['inkɔmən]
volume (m) de negócios	omzet (de)	['ɔmzɛt]
recursos (m pl)	middelen	['midələn]
recursos (m pl) financeiros	financiële middelen	[finansi'elə 'midələn]
despesas (f pl) gerais	operationele kosten	[ɔpe'ratsjɔnələ 'kɔstən]
reduzir (vt)	reduceren	[redu'serən]

76. Marketing

marketing (m)	marketing (de)	['marketiŋ]
mercado (m)	markt (de)	[markt]
segmento (m) do mercado	marktsegment (het)	['markt·sɛx'mɛnt]
produto (m)	product (het)	[prɔ'dʉkt]
mercadoria (f)	goederen	['xudərən]
marca (f)	merk (het)	[mɛrk]
marca (f) comercial	handelsmerk (het)	['handəls·mɛrk]
logotipo (m)	beeldmerk (het)	['bēlt·mɛrk]
logo (m)	logo (het)	['lɔxɔ]
demanda (f)	vraag (de)	[vrāx]
oferta (f)	aanbod (het)	['āmbɔt]
necessidade (f)	behoefte (de)	[bə'huftə]
consumidor (m)	consument (de)	[kɔnsʉ'mɛnt]
análise (f)	analyse (de)	[ana'lizə]
analisar (vt)	analyseren	[anali'zerən]
posicionamento (m)	positionering (de)	[pozitsjɔ'neriŋ]
posicionar (vt)	positioneren	[pozitsjɔ'nerən]
preço (m)	prijs (de)	[prɛjs]
política (f) de preços	prijspolitiek (de)	['prɛjs·poli'tik]
formação (f) de preços	prijsvorming (de)	['prɛjs·'vormiŋ]

77. Publicidade

publicidade (f)	reclame (de)	[re'klamə]
publicitar (vt)	adverteren	[advɛr'tɛrən]
orçamento (m)	budget (het)	[bʉ'dʒɛt]
anúncio (m) publicitário	advertentie, reclame (de)	[advɛr'tɛntsi], [re'klamə]
publicidade (f) televisiva	TV-reclame (de)	[te've-re'klamə]
publicidade (f) na rádio	radioreclame (de)	['radio·re'klamə]
publicidade (f) exterior	buitenreclame (de)	['bœytən·rək'lamə]
comunicação (f) de massa	massamedia (de)	['masa·'media]
periódico (m)	periodiek (de)	[perio'dik]
imagem (f)	imago (het)	[i'maxɔ]
slogan (m)	slagzin (de)	['slax·sin]
mote (m), divisa (f)	motto (het)	['mɔtɔ]
campanha (f)	campagne (de)	[kam'panjə]
companha (f) publicitária	reclamecampagne (de)	[re'klamə·kam'panjə]
grupo (m) alvo	doelpubliek (het)	[dul·pʉ'blik]
cartão (m) de visita	visitekaartje (het)	[vi'zitə·'kārtʃə]
flyer (m)	flyer (de)	['flajər]
brochura (f)	brochure (de)	[brɔ'ʃʉrə]
folheto (m)	folder (de)	['fɔldər]
boletim (~ informativo)	nieuwsbrief (de)	['niusbrif]
letreiro (m)	gevelreclame (de)	['xevəl·re'klamə]
cartaz, póster (m)	poster (de)	['pɔstər]
painel (m) publicitário	aanplakbord (het)	['ānplak·'bɔrt]

78. Banca

banco (m)	bank (de)	[bank]
sucursal, balcão (f)	bankfiliaal (het)	[bank·fili'āl]
consultor (m)	bankbediende (de)	[bank·bə'dində]
gerente (m)	manager (de)	['mɛnədʒər]
conta (f)	bankrekening (de)	[bank·'rekəniŋ]
número (m) da conta	rekeningnummer (het)	['rekəniŋ·'nʉmər]
conta (f) corrente	lopende rekening (de)	['lɔpəndə 'rekəniŋ]
conta (f) poupança	spaarrekening (de)	['spār·'rekəniŋ]
abrir uma conta	een rekening openen	[en 'rekəniŋ 'ɔpənən]
fechar uma conta	de rekening sluiten	[də 'rekəniŋ slœytən]
depositar na conta	op rekening storten	[ɔp 'rekəniŋ 'stɔrtən]
levantar (vt)	opnemen	['ɔpnemən]
depósito (m)	storting (de)	['stɔrtiŋ]
fazer um depósito	een storting maken	[en 'stɔrtiŋ 'makən]
transferência (f) bancária	overschrijving (de)	[ɔvər'sxrɛjviŋ]

transferir (vt)	een overschrijving maken	[ən ɔvər'sxrɛjvɪŋ 'makən]
soma (f)	som (de)	[sɔm]
Quanto?	Hoeveel?	[hu'vēl]

| assinatura (f) | handtekening (de) | ['hand·'tekənɪŋ] |
| assinar (vt) | ondertekenen | ['ɔndər'tekənən] |

cartão (m) de crédito	kredietkaart (de)	[kre'dit·kārt]
código (m)	code (de)	['kɔdə]
número (m) do cartão de crédito	kredietkaartnummer (het)	[kre'dit·kārt·'nʉmər]
Caixa Multibanco (m)	geldautomaat (de)	[xɛlt·autɔ'māt]

cheque (m)	cheque (de)	[ʃɛk]
passar um cheque	een cheque uitschrijven	[ən ʃɛk œʏt'sxrɛjvən]
livro (m) de cheques	chequeboekje (het)	[ʃɛk·'bukjə]

empréstimo (m)	lening, krediet (de)	['lenɪŋ], [kre'dit]
pedir um empréstimo	een lening aanvragen	[ən 'lenɪŋ 'ānvraxən]
obter um empréstimo	een lening nemen	[ən 'lenɪŋ 'nemən]
conceder um empréstimo	een lening verlenen	[ən 'lenɪŋ vər'lenən]
garantia (f)	garantie (de)	[xa'rantsi]

79. Telefone. Conversação telefónica

telefone (m)	telefoon (de)	[telə'fōn]
telemóvel (m)	mobieltje (het)	[mɔ'biltʃe]
secretária (f) electrónica	antwoordapparaat (het)	['antwōrt·apa'rāt]

| fazer uma chamada | bellen | ['belən] |
| chamada (f) | belletje (het) | ['beletʃe] |

marcar um número	een nummer draaien	[ən 'nʉmər 'drājən]
Alô!	Hallo!	[ha'lɔ]
perguntar (vt)	vragen	['vraxən]
responder (vt)	antwoorden	['antwōrdən]

ouvir (vt)	horen	['hɔrən]
bem	goed	[xut]
mal	slecht	[slɛxt]
ruído (m)	storingen	['stɔrɪŋən]

auscultador (m)	hoorn (de)	[hōrn]
pegar o telefone	opnemen	['ɔpnemən]
desligar (vi)	ophangen	['ɔphaŋən]

ocupado	bezet	[bə'zɛt]
tocar (vi)	overgaan	['ɔvərxān]
lista (f) telefónica	telefoonboek (het)	[telə'fōn·buk]
local	lokaal	[lɔ'kāl]
chamada (f) local	lokaal gesprek (het)	[lɔ'kāl xesp'rɛk]
de longa distância	interlokaal	[intərlɔ'kāl]
chamada (f) de longa distância	interlokaal gesprek (het)	[intərlɔ'kāl xe'sprɛk]

| internacional | buitenlands | ['bœytənlants] |
| chamada (f) internacional | buitenlands gesprek (het) | ['bœytənlants xe'ʃprɛk] |

80. Telefone móvel

telemóvel (m)	mobieltje (het)	[mɔ'biltʃe]
ecrã (m)	scherm (het)	[sxɛrm]
botão (m)	toets, knop (de)	[tuts], [knɔp]
cartão SIM (m)	simkaart (de)	['sim·kārt]

bateria (f)	batterij (de)	[batə'rɛj]
descarregar-se	leeg zijn	[lēx zɛjn]
carregador (m)	acculader (de)	[akʉ'ladər]

| menu (m) | menu (het) | [me'nʉ] |
| definições (f pl) | instellingen | ['instɛliŋən] |

| melodia (f) | melodie (de) | [melɔ'di] |
| escolher (vt) | selecteren | [selɛk'terən] |

calculadora (f)	rekenmachine (de)	['rekən·ma'ʃinə]
correio (m) de voz	voicemail (de)	['vɔjs·mɛjl]
despertador (m)	wekker (de)	['wɛkər]
contatos (m pl)	contacten	[kɔn'taktən]

| mensagem (f) de texto | SMS-bericht (het) | [ɛsɛ'mɛs-bə'rixt] |
| assinante (m) | abonnee (de) | [abɔ'nē] |

81. Estacionário

| caneta (f) | balpen (de) | ['bal·pən] |
| caneta (f) tinteiro | vulpen (de) | ['vʉl·pən] |

lápis (m)	potlood (het)	['pɔtlōt]
marcador (m)	marker (de)	['markər]
caneta (f) de feltro	viltstift (de)	['vilt·stift]

| bloco (m) de notas | notitieboekje (het) | [nɔ'titsi·'bukje] |
| agenda (f) | agenda (de) | [a'xɛnda] |

régua (f)	liniaal (de/het)	[lini'āl]
calculadora (f)	rekenmachine (de)	['rekən·ma'ʃinə]
borracha (f)	gom (de)	[xɔm]

| pionés (m) | punaise (de) | [pʉ'nɛzə] |
| clipe (m) | paperclip (de) | ['pɛjpər·klip] |

| cola (f) | lijm (de) | [lɛjm] |
| agrafador (m) | nietmachine (de) | ['nit·ma'ʃinə] |

| furador (m) | perforator (de) | [perfɔ'ratɔr] |
| afia-lápis (m) | potloodslijper (de) | ['pɔtlōt·'slɛjpər] |

82. Tipos de negócios

serviços (m pl) de contabilidade	boekhouddiensten	['bukhaut·'dinstən]
publicidade (f)	reclame (de)	[re'klamə]
agência (f) de publicidade	reclamebureau (het)	[re'klamə·bʉ'rɔ]
ar (m) condicionado	airconditioning (de)	[ɛr·kɔn'diʃəniŋ]
companhia (f) aérea	luchtvaart- maatschappij (de)	['lʉxtvārt mātsxa'pɛj]

bebidas (f pl) alcoólicas	alcoholische dranken	[alkɔ'hɔlisə 'drankən]
comércio (m) de antiguidades	antiek (het)	[an'tik]
galeria (f) de arte	kunstgalerie (de)	['kʉnst·galə'ri]
serviços (m pl) de auditoria	audit diensten	['audit·'dinstən]

negócios (m pl) bancários	banken	['bankən]
bar (m)	bar (de)	[bar]
salão (m) de beleza	schoonheidssalon (de/het)	['sxōnxɛjts·sa'lɔn]
livraria (f)	boekhandel (de)	['bukən·'handəl]
cervejaria (f)	bierbrouwerij (de)	[birb·rɔuwɛ'rɛj]
centro (m) de escritórios	zakencentrum (het)	['zakən·'sɛntrʉm]
escola (f) de negócios	business school (de)	['biznes·sxōl]

casino (m)	casino (het)	[ka'sinɔ]
construção (f)	bouwbedrijven	['baubə'drɛjvən]
serviços (m pl) de consultoria	adviesbureau (het)	[at'vis·bʉ'rɔ]

estomatologia (f)	tandheelkunde (de)	['tand·kli'nik]
design (m)	design (het)	[di'zajn]
farmácia (f)	apotheek (de)	[apɔ'tēk]
lavandaria (f)	stomerij (de)	[stɔmɛ'rɛj]
agência (f) de emprego	uitzendbureau (het)	['œytzənt·by'rɔ]

serviços (m pl) financeiros	financiële diensten	[finansi'elə 'dinstən]
alimentos (m pl)	voedingswaren	['vudiŋs·warən]
agência (f) funerária	uitvaartcentrum (het)	['œytvārt·'sɛntrym]
mobiliário (m)	meubilair (het)	['møbi'lɛr]
roupa (f)	kleding (de)	['klediŋ]
hotel (m)	hotel (het)	[hɔ'tɛl]

gelado (m)	ijsje (het)	['ɛisjə], ['ɛiʃə]
indústria (f)	industrie (de)	[indʉs'tri]
seguro (m)	verzekering (de)	[vər'zekəriŋ]
internet (f)	Internet (het)	['intɛrnɛt]
investimento (m)	investeringen	[invɛ'steriŋən]

joalheiro (m)	juwelier (de)	[juwe'lir]
joias (f pl)	juwelen	[ju'welən]
lavandaria (f)	wasserette (de)	[wasə'rɛtə]
serviços (m pl) jurídicos	juridische diensten	[ju'ridisə 'dinstən]
indústria (f) ligeira	lichte industrie (de)	['lixtə indʉs'tri]

revista (f)	tijdschrift (het)	['tɛjtsxrift]
vendas (f pl) por catálogo	postorderbedrijven	['pɔst·ɔrdər·bə'drɛjvən]
medicina (f)	medicijnen	['mɛdisɛjnən]

cinema (m)	bioscoop (de)	[biɔ'skōp]
museu (m)	museum (het)	[mʉ'zejum]
agência (f) de notícias	persbureau (het)	['pɛrs·bʉrɔ]
jornal (m)	krant (de)	[krant]
clube (m) noturno	nachtclub (de)	['naxt·klʉp]
petróleo (m)	olie (de)	['ɔli]
serviço (m) de encomendas	koerierdienst (de)	[ku'rir·dinst]
indústria (f) farmacêutica	farmacie (de)	[farma'si]
poligrafia (f)	drukkerij (de)	[drʉkə'rɛj]
editora (f)	uitgeverij (de)	[œʏtxevə'rɛj]
rádio (m)	radio (de)	['radiɔ]
imobiliário (m)	vastgoed (het)	['vastxut]
restaurante (m)	restaurant (het)	[rɛstɔ'rant]
empresa (f) de segurança	bewakingsfirma (de)	[bə'wakiŋs·'firma]
desporto (m)	sport (de)	[spɔrt]
bolsa (f)	handelsbeurs (de)	['handəls·børs]
loja (f)	winkel (de)	['winkəl]
supermercado (m)	supermarkt (de)	['sʉpərmarkt]
piscina (f)	zwembad (het)	['zwɛm·bat]
alfaiataria (f)	naaiatelier (het)	[nāj·atə'lje]
televisão (f)	televisie (de)	[telə'vizi]
teatro (m)	theater (het)	[te'atər]
comércio (atividade)	handel (de)	['handəl]
serviços (m pl) de transporte	transport (het)	[trans'pɔrt]
viagens (f pl)	toerisme (het)	[tu'rismə]
veterinário (m)	dierenarts (de)	['dīrən·arts]
armazém (m)	magazijn (het)	[maxa'zɛjn]
recolha (f) do lixo	afvalinzameling (de)	['afval·'inzaməliŋ]

Emprego. Negócios. Parte 2

83. Espetáculo. Feira

feira (f)	beurs (de)	['bøɾs]
feira (f) comercial	vakbeurs,	['vak'bøɾs],
	handelsbeurs (de)	['handəls·'bøɾs]
participação (f)	deelneming (de)	['dēlnemiŋ]
participar (vi)	deelnemen	['dēlnemən]
participante (m)	deelnemer (de)	['dēlnemər]
diretor (m)	directeur (de)	[dirɛk'tør]
direção (f)	organisatiecomité (het)	[ɔrxani'zatsi·kɔmi'tɛ]
organizador (m)	organisator (de)	[ɔrxani'zatɔr]
organizar (vt)	organiseren	[ɔrxani'zerən]
ficha (f) de inscrição	deelnemingsaanvraag (de)	['dēlnemiŋs·'ānvrāx]
preencher (vt)	invullen	['invʉlən]
detalhes (m pl)	details	[de'tajs]
informação (f)	informatie (de)	[infɔr'matsi]
preço (m)	prijs (de)	[prɛjs]
incluindo	inclusief	[inklʉ'zif]
incluir (vt)	inbegrepen	['inbəxrepən]
pagar (vt)	betalen	[bə'talən]
taxa (f) de inscrição	registratietarief (het)	[rexi'stratsi·ta'rif]
entrada (f)	ingang (de)	['inxaŋ]
pavilhão (m)	paviljoen (het), hal (de)	[pavi'ljun], [hal]
inscrever (vt)	registreren	[rexi'strerən]
crachá (m)	badge, kaart (de)	[bɛdʒ], [kārt]
stand (m)	beursstand (de)	['bøɾs·stant]
reservar (vt)	reserveren	[rezɛr'verən]
vitrina (f)	vitrine (de)	[vit'rinə]
foco, spot (m)	licht (het)	[lixt]
design (m)	design (het)	[di'zajn]
pôr, colocar (vt)	plaatsen	['plātsən]
ser colocado, -a	geplaatst zijn	[xəp'lātst zɛjn]
distribuidor (m)	distributeur (de)	[distribʉ'tør]
fornecedor (m)	leverancier (de)	[levəran'sir]
fornecer (vt)	leveren	['levərən]
país (m)	land (het)	[lant]
estrangeiro	buitenlands	['bœytənlants]
produto (m)	product (het)	[prɔ'dʉkt]
associação (f)	associatie (de)	[asɔʃi'atsi]

sala (f) de conferências	conferentiezaal (de)	[kɔnfə'rɛntsi·zāl]
congresso (m)	congres (het)	[kɔnx'res]
concurso (m)	wedstrijd (de)	['wɛtstrɛjt]
visitante (m)	bezoeker (de)	[bə'zukər]
visitar (vt)	bezoeken	[bə'zukən]
cliente (m)	afnemer (de)	['afnemər]

84. Ciência. Investigação. Cientistas

ciência (f)	wetenschap (de)	['wetənsxap]
científico	wetenschappelijk	[wetən'sxapələk]
cientista (m)	wetenschapper (de)	['wetənsxapər]
teoria (f)	theorie (de)	[teɔ'ri]
axioma (m)	axioma (het)	[aksi'ɔma]
análise (f)	analyse (de)	[ana'lizə]
analisar (vt)	analyseren	[anali'zerən]
argumento (m)	argument (het)	[arxju'mɛnt]
substância (f)	substantie (de)	[sʉp'stansi]
hipótese (f)	hypothese (de)	[hipɔ'tezə]
dilema (m)	dilemma (het)	[di'lema]
tese (f)	dissertatie (de)	[disɛr'tatsi]
dogma (m)	dogma (het)	['dɔxma]
doutrina (f)	doctrine (de)	[dɔk'trinə]
pesquisa (f)	onderzoek (het)	['ɔndərzuk]
pesquisar (vt)	onderzoeken	['ɔndər'zukən]
teste (m)	toetsing (de)	['tutsiŋ]
laboratório (m)	laboratorium (het)	[labɔra'tɔrijum]
método (m)	methode (de)	[me'tɔdə]
molécula (f)	molecule (de/het)	[mɔle'kʉlə]
monitoramento (m)	monitoring (de)	['mɔnitɔriŋ]
descoberta (f)	ontdekking (de)	[ɔn'dɛkiŋ]
postulado (m)	postulaat (het)	[pɔstʉ'lāt]
princípio (m)	principe (het)	[prin'sipə]
prognóstico (previsão)	voorspelling (de)	[vōr'spɛliŋ]
prognosticar (vt)	een prognose maken	[en prɔx'nɔzə 'makən]
síntese (f)	synthese (de)	[sin'tɛzə]
tendência (f)	tendentie (de)	[ten'dɛnsi]
teorema (m)	theorema (het)	[teɔ'rɛma]
ensinamentos (m pl)	leerstellingen	['lērstɛliŋən]
facto (m)	feit (het)	[fɛjt]
expedição (f)	expeditie (de)	[ɛkspe'ditsi]
experiência (f)	experiment (het)	[ɛksperi'mɛnt]
académico (m)	academicus (de)	[aka'demikʉs]
bacharel (m)	bachelor (de)	['bɛtʃəlɔr]
doutor (m)	doctor (de)	['dɔktɔr]

docente (m)	**universitair docent (de)**	[ˈjunivɛrsitər dɔˈsɛnt]
mestre (m)	**master, magister (de)**	[ˈmastər], [maˈxistər]
professor (m) catedrático	**professor (de)**	[prɔˈfɛsɔr]

Profissões e ocupações

85. Procura de emprego. Demissão

trabalho (m)	baan (de)	[bān]
equipa (f)	werknemers	['wɛrknemərs]
pessoal (m)	personeel (het)	[pɛrsɔ'nēl]
carreira (f)	carrière (de)	[ka'rjerə]
perspetivas (f pl)	vooruitzichten	[vōrœyt·'sixtən]
mestria (f)	meesterschap (het)	['mēstər'sxap]
seleção (f)	keuze (de)	['køzə]
agência (f) de emprego	uitzendbureau (het)	['œytzənt·by'rɔ]
CV, currículo (m)	CV, curriculum vitae (het)	[se've], [kʉ'rikʉlʉm 'vitə]
entrevista (f) de emprego	sollicitatiegesprek (het)	[sɔlisi'tatsi·xəsp'rɛk]
vaga (f)	vacature (de)	[vaka'tʉrə]
salário (m)	salaris (het)	[sa'laris]
salário (m) fixo	vaste salaris (het)	['vastə sa'laris]
pagamento (m)	loon (het)	[lōn]
posto (m)	betrekking (de)	[bə'trɛkiŋ]
dever (do empregado)	taak, plicht (de)	[tāk], [plixt]
gama (f) de deveres	takenpakket (het)	['takən·pa'ket]
ocupado	bezig	['bezəx]
despedir, demitir (vt)	ontslagen	[ɔnt'slaxən]
demissão (f)	ontslag (het)	[ɔnt'slax]
desemprego (m)	werkloosheid (de)	[wɛrk'lɔshɛjt]
desempregado (m)	werkloze (de)	[wɛrk'lɔzə]
reforma (f)	pensioen (het)	[pɛn'ʃun]
reformar-se	met pensioen gaan	[mɛt pɛn'ʃun xān]

86. Gente de negócios

diretor (m)	directeur (de)	[dirɛk'tør]
gerente (m)	beheerder (de)	[bə'hērdər]
patrão, chefe (m)	hoofd (het)	[hōft]
superior (m)	baas (de)	[bās]
superiores (m pl)	superieuren	[sʉpə'rørən]
presidente (m)	president (de)	[prezi'dɛnt]
presidente (m) de direção	voorzitter (de)	['vōrzitər]
substituto (m)	adjunct (de)	[ad'junkt]
assistente (m)	assistent (de)	[asi'stɛnt]

secretário (m)	secretaris (de)	[sekre'taris]
secretário (m) pessoal	persoonlijke assistent (de)	[pɛr'sōnləkə asi'stɛnt]
homem (m) de negócios	zakenman (de)	['zakənman]
empresário (m)	ondernemer (de)	['ɔndər'nemər]
fundador (m)	oprichter (de)	['ɔprixtər]
fundar (vt)	oprichten	['ɔprixtən]
fundador, sócio (m)	stichter (de)	['stixtər]
parceiro, sócio (m)	partner (de)	['partnər]
acionista (m)	aandeelhouder (de)	['āndēl·haudər]
milionário (m)	miljonair (de)	[milju'nɛːr]
bilionário (m)	miljardair (de)	[miljar'dɛːr]
proprietário (m)	eigenaar (de)	['ɛjxənār]
proprietário (m) de terras	landeigenaar (de)	['lant·'ɛjxənār]
cliente (m)	klant (de)	[klant]
cliente (m) habitual	vaste klant (de)	['vastə klant]
comprador (m)	koper (de)	['kɔpər]
visitante (m)	bezoeker (de)	[bə'zukər]
profissional (m)	professioneel (de)	[prɔfesiɔ'nēl]
perito (m)	expert (de)	[ɛk'spɛːr]
especialista (m)	specialist (de)	[speʃia'list]
banqueiro (m)	bankier (de)	[baŋ'kir]
corretor (m)	makelaar (de)	['makəlār]
caixa (m, f)	kassier (de)	[ka'sir]
contabilista (m)	boekhouder (de)	[buk 'haudər]
guarda (m)	bewaker (de)	[bə'wakər]
investidor (m)	investeerder (de)	[invɛ'stērdər]
devedor (m)	schuldenaar (de)	['sxʉldənār]
credor (m)	crediteur (de)	[krədi'tør]
mutuário (m)	lener (de)	['lenər]
importador (m)	importeur (de)	[impɔr'tør]
exportador (m)	exporteur (de)	[ɛkspɔr'tør]
produtor (m)	producent (de)	[prɔdʉ'sɛnt]
distribuidor (m)	distributeur (de)	[distribʉ'tør]
intermediário (m)	bemiddelaar (de)	[bə'midəlār]
consultor (m)	adviseur, consulent (de)	[atvi'zør], [kɔnsʉ'lent]
representante (m)	vertegenwoordiger (de)	[vər'texən·'wōrdixər]
agente (m)	agent (de)	[a'xɛnt]
agente (m) de seguros	verzekeringsagent (de)	[vər'zekəriŋs·a'xɛnt]

87. Profissões de serviços

cozinheiro (m)	kok (de)	[kɔk]
cozinheiro chefe (m)	chef-kok (de)	[ʃɛf-'kɔk]

padeiro (m)	bakker (de)	['bakər]
barman (m)	barman (de)	['barman]
empregado (m) de mesa	kelner, ober (de)	['kɛlnər], ['ɔbər]
empregada (f) de mesa	serveerster (de)	[sɛr'vērstər]

advogado (m)	advocaat (de)	[atvɔ'kāt]
jurista (m)	jurist (de)	[ju'rist]
notário (m)	notaris (de)	[nɔ'taris]

eletricista (m)	elektricien (de)	[ɛlɛktri'sjen]
canalizador (m)	loodgieter (de)	['lōtxitər]
carpinteiro (m)	timmerman (de)	['timərman]

massagista (m)	masseur (de)	[mas'sør]
massagista (f)	masseuse (de)	[mas'søzə]
médico (m)	dokter, arts (de)	['dɔktər], [arts]

taxista (m)	taxichauffeur (de)	['taksi·ʃo'før]
condutor (automobilista)	chauffeur (de)	[ʃɔ'før]
entregador (m)	koerier (de)	[ku'rir]

camareira (f)	kamermeisje (het)	['kamər·'mɛjɕə]
guarda (m)	bewaker (de)	[bə'wakər]
hospedeira (f) de bordo	stewardess (de)	[stʉwər'dɛs]

professor (m)	meester (de)	['mēstər]
bibliotecário (m)	bibliothecaris (de)	['bibliotə'kāris]
tradutor (m)	vertaler (de)	[vər'talər]
intérprete (m)	tolk (de)	[tɔlk]
guia (pessoa)	gids (de)	[xits]

cabeleireiro (m)	kapper (de)	['kapər]
carteiro (m)	postbode (de)	['pɔst·bodə]
vendedor (m)	verkoper (de)	[vər'kɔpər]

jardineiro (m)	tuinman (de)	['tœyn·man]
criado (m)	huisbediende (de)	['hœys·bə'dində]
criada (f)	dienstmeisje (het)	[dinst 'mɛjɕə]
empregada (f) de limpeza	schoonmaakster (de)	['sxōn·mākstər]

88. Profissões militares e postos

soldado (m) raso	soldaat (de)	[sɔl'dāt]
sargento (m)	sergeant (de)	[sɛr'ʒant]
tenente (m)	luitenant (de)	[lœytə'nant]
capitão (m)	kapitein (de)	[kapi'tɛjn]

major (m)	majoor (de)	[ma'jōr]
coronel (m)	kolonel (de)	[kɔlɔ'nɛl]
general (m)	generaal (de)	[xenə'rāl]
marechal (m)	maarschalk (de)	['mārsxalk]
almirante (m)	admiraal (de)	[atmi'rāl]
militar (m)	militair (de)	[mili'tɛːr]
soldado (m)	soldaat (de)	[sɔl'dāt]

oficial (m)	officier (de)	[ɔfi'sir]
comandante (m)	commandant (de)	[kɔmanˈdant]

guarda (m) fronteiriço	grenswachter (de)	[xrɛnsˑ'wahtər]
operador (m) de rádio	marconist (de)	[markɔ'nist]
explorador (m)	verkenner (de)	[vərˈkenər]
sapador (m)	sappeur (de)	[sa'pør]
atirador (m)	schutter (de)	['sxʉtər]
navegador (m)	stuurman (de)	['stūrman]

89. Oficiais. Padres

rei (m)	koning (de)	['kɔniŋ]
rainha (f)	koningin (de)	[kɔniŋ'in]

príncipe (m)	prins (de)	[prins]
princesa (f)	prinses (de)	[prin'sɛs]

czar (m)	tsaar (de)	[tsār]
czarina (f)	tsarina (de)	[tsa'rina]

presidente (m)	president (de)	[prezi'dɛnt]
ministro (m)	minister (de)	[mi'nistər]
primeiro-ministro (m)	eerste minister (de)	['ērstə mi'nistər]
senador (m)	senator (de)	[se'natɔr]

diplomata (m)	diplomaat (de)	[diplɔ'māt]
cônsul (m)	consul (de)	['kɔnsʉl]
embaixador (m)	ambassadeur (de)	[ambasa'dør]
conselheiro (m)	adviseur (de)	[atvi'zør]

funcionário (m)	ambtenaar (de)	['amtənār]
prefeito (m)	prefect (de)	[pre'fɛkt]
Presidente (m) da Câmara	burgemeester (de)	[bʉrxəˑ'mēstər]

juiz (m)	rechter (de)	['rɛxtər]
procurador (m)	aanklager (de)	['ānklahər]

missionário (m)	missionaris (de)	[misiɔ'naris]
monge (m)	monnik (de)	['mɔnək]
abade (m)	abt (de)	[apt]
rabino (m)	rabbi, rabbijn (de)	['rabi], [ra'bɛjn]

vizir (m)	vizier (de)	[vi'zir]
xá (m)	sjah (de)	[ɕa]
xeque (m)	sjeik (de)	[ɕɛjk]

90. Profissões agrícolas

apicultor (m)	imker (de)	['imkər]
pastor (m)	herder (de)	['hɛrdər]
agrónomo (m)	landbouwkundige (de)	['landbauˑ'kundixə]

| criador (m) de gado | veehouder (de) | ['vē·haudər] |
| veterinário (m) | dierenarts (de) | ['dīrən·arts] |

agricultor (m)	landbouwer (de)	['lantbauər]
vinicultor (m)	wijnmaker (de)	['wɛjn·makər]
zoólogo (m)	zoöloog (de)	[zoo'lōx]
cowboy (m)	cowboy (de)	['kaubɔj]

91. Profissões artísticas

| ator (m) | acteur (de) | [ak'tør] |
| atriz (f) | actrice (de) | [akt'risə] |

| cantor (m) | zanger (de) | ['zaŋər] |
| cantora (f) | zangeres (de) | [zaŋe'rɛs] |

| bailarino (m) | danser (de) | ['dansər] |
| bailarina (f) | danseres (de) | [dansə'rɛs] |

| artista (m) | artiest (de) | [ar'tist] |
| artista (f) | artiest (de) | [ar'tist] |

músico (m)	muzikant (de)	[mʉzi'kant]
pianista (m)	pianist (de)	[pia'nist]
guitarrista (m)	gitarist (de)	[xita'rist]

maestro (m)	orkestdirigent (de)	[ɔr'kɛst·diri'xɛnt]
compositor (m)	componist (de)	[kɔmpɔ'nist]
empresário (m)	impresario (de)	[impre'sariɔ]

realizador (m)	filmregisseur (de)	[film·rexi'sør]
produtor (m)	filmproducent (de)	[film·prɔdʉ'sɛnt]
argumentista (m)	scenarioschrijver (de)	[sɛ'nariɔ·'sxrɛjvər]
crítico (m)	criticus (de)	['kritikʉs]

escritor (m)	schrijver (de)	['sxrɛjvər]
poeta (m)	dichter (de)	['dixtər]
escultor (m)	beeldhouwer (de)	['bēlt·hauwər]
pintor (m)	kunstenaar (de)	['kʉnstənār]

malabarista (m)	jongleur (de)	[jɔŋ'lør]
palhaço (m)	clown (de)	['klaun]
acrobata (m)	acrobaat (de)	[akrɔ'bāt]
mágico (m)	goochelaar (de)	['xōxəlār]

92. Várias profissões

médico (m)	dokter, arts (de)	['dɔktər], [arts]
enfermeira (f)	ziekenzuster (de)	['zikən·zʉstər]
psiquiatra (m)	psychiater (de)	[psixi'atər]
estomatologista (m)	tandarts (de)	['tand·arts]
cirurgião (m)	chirurg (de)	[ʃi'rʉrx]

astronauta (m)	astronaut (de)	[astrɔ'naut]
astrónomo (m)	astronoom (de)	[astrɔ'nōm]
piloto (m)	piloot (de)	[pi'lōt]
motorista (m)	chauffeur (de)	[ʃo'før]
maquinista (m)	machinist (de)	[maʃi'nist]
mecânico (m)	mecanicien (de)	[mekani'sjen]
mineiro (m)	mijnwerker (de)	['mɛjn·wɛrkər]
operário (m)	arbeider (de)	['arbɛjdər]
serralheiro (m)	bankwerker (de)	[bank·'wɛrkər]
marceneiro (m)	houtbewerker (de)	['haut·bə'wɛrkər]
torneiro (m)	draaier (de)	['drājər]
construtor (m)	bouwvakker (de)	['bau·'vakər]
soldador (m)	lasser (de)	['lasər]
professor (m) catedrático	professor (de)	[prɔ'fɛsɔr]
arquiteto (m)	architect (de)	[arʃi'tɛkt]
historiador (m)	historicus (de)	[hi'stɔrikʉs]
cientista (m)	wetenschapper (de)	['wetənsxapər]
físico (m)	fysicus (de)	['fisikʉs]
químico (m)	scheikundige (de)	['sxɛjkʉndəxə]
arqueólogo (m)	archeoloog (de)	[arheɔ'lōx]
geólogo (m)	geoloog (de)	[xeo'lōx]
pesquisador (cientista)	onderzoeker (de)	['ɔndər'zukər]
babysitter (f)	babysitter (de)	['bɛjbisitər]
professor (m)	leraar, pedagoog (de)	['lerār], [peda'xōx]
redator (m)	redacteur (de)	[redak'tør]
redator-chefe (m)	chef-redacteur (de)	[ʃɛf-redak'tør]
correspondente (m)	correspondent (de)	[kɔrɛspɔn'dɛnt]
datilógrafa (f)	typiste (de)	[ti'pistə]
designer (m)	designer (de)	[di'zajnər]
especialista (m) em informática	computerexpert (de)	[kɔm'pjutər·'ɛkspər]
programador (m)	programmeur (de)	[prɔxra'mør]
engenheiro (m)	ingenieur (de)	[inxe'njør]
marujo (m)	matroos (de)	[ma'trōs]
marinheiro (m)	zeeman (de)	['zēman]
salvador (m)	redder (de)	['rɛdər]
bombeiro (m)	brandweerman (de)	['brantwēr·man]
polícia (m)	politieagent (de)	[pɔ'litsi·a'xɛnt]
guarda-noturno (m)	nachtwaker (de)	['naxt·wakər]
detetive (m)	detective (de)	[de'tɛktif]
funcionário (m) da alfândega	douanier (de)	[dua'njē]
guarda-costas (m)	lijfwacht (de)	['lɛjf·waxt]
guarda (m) prisional	gevangenisbewaker (de)	[xə'vaŋənis·bə'wakər]
inspetor (m)	inspecteur (de)	[inspɛk'tør]
desportista (m)	sportman (de)	['spɔrtman]
treinador (m)	trainer (de)	['trɛnər]

talhante (m)	slager, beenhouwer (de)	['slaxər], ['bēnhauər]
sapateiro (m)	schoenlapper (de)	['sxun·'lapər]
comerciante (m)	handelaar (de)	['handəlār]
carregador (m)	lader (de)	['ladər]
estilista (m)	kledingstilist (de)	['klediŋ·sti'list]
modelo (f)	model (het)	[mɔ'dɛl]

93. Ocupações. Estatuto social

aluno, escolar (m)	scholier (de)	[sxɔ'lir]
estudante (~ universitária)	student (de)	[stʉ'dɛnt]
filósofo (m)	filosoof (de)	[filɔ'zōf]
economista (m)	econoom (de)	[ɛkɔ'nōm]
inventor (m)	uitvinder (de)	['œytvindər]
desempregado (m)	werkloze (de)	[wɛrk'lɔzə]
reformado (m)	gepensioneerde (de)	[xəpɛnʃe'nērdə]
espião (m)	spion (de)	[spi'jon]
preso (m)	gedetineerde (de)	[xədeti'nērdə]
grevista (m)	staker (de)	['stakər]
burocrata (m)	bureaucraat (de)	[bʉrɔ'krāt]
viajante (m)	reiziger (de)	['rɛjzixər]
homossexual (m)	homoseksueel (de)	[hɔmɔsɛksʉ'ēl]
hacker (m)	hacker (de)	['hakər]
hippie	hippie (de)	['hippi]
bandido (m)	bandiet (de)	[ban'dit]
assassino (m) a soldo	huurmoordenaar (de)	['hūr·mōrdənār]
toxicodependente (m)	drugsverslaafde (de)	['drʉks·vər'slāfdə]
traficante (m)	drugshandelaar (de)	['drʉks·'handəlār]
prostituta (f)	prostituee (de)	[prɔstitʉ'ē]
chulo (m)	pooier (de)	['pōjər]
bruxo (m)	tovenaar (de)	[tɔve'nār]
bruxa (f)	tovenares (de)	[tɔvəna'rɛs]
pirata (m)	piraat (de)	[pi'rāt]
escravo (m)	slaaf (de)	[slāf]
samurai (m)	samoerai (de)	[samu'raj]
selvagem (m)	wilde (de)	['wildə]

Educação

94. Escola

escola (f)	school (de)	[sxōl]
diretor (m) de escola	schooldirecteur (de)	[sxōl·dirɛk'tør]
aluno (m)	leerling (de)	['lērliŋ]
aluna (f)	leerlinge (de)	['lērliŋə]
escolar (m)	scholier (de)	[sxɔ'lir]
escolar (f)	scholiere (de)	[sxɔ'lirə]
ensinar (vt)	leren	['lerən]
aprender (vt)	studeren	[stʉ'derən]
aprender de cor	van buiten leren	[van 'bœʏtən 'lerən]
estudar (vi)	leren	['lerən]
andar na escola	in school zijn	[in 'sxōl zɛjn]
ir à escola	naar school gaan	[nār 'sxōl xān]
alfabeto (m)	alfabet (het)	['alfabət]
disciplina (f)	vak (het)	[vak]
sala (f) de aula	klaslokaal (het)	['klas·lɔkāl]
lição (f)	les (de)	[lɛs]
recreio (m)	pauze (de)	['pauzə]
toque (m)	bel (de)	[bel]
carteira (f)	schooltafel (de)	[sxōl·'tafəl]
quadro (m) negro	schoolbord (het)	[sxōl·bɔrt]
nota (f)	cijfer (het)	['sɛjfər]
boa nota (f)	goed cijfer (het)	[xut 'sɛjfər]
nota (f) baixa	slecht cijfer (het)	[slɛxt 'sɛjfər]
dar uma nota	een cijfer geven	[en 'sɛjfər 'xevən]
erro (m)	fout (de)	['faut]
fazer erros	fouten maken	['fautən 'makən]
corrigir (vt)	corrigeren	[kɔri'dʒɛrən]
cábula (f)	spiekbriefje (het)	['spik·brifjə]
dever (m) de casa	huiswerk (het)	['hœʏs·wɛrk]
exercício (m)	oefening (de)	['ufəniŋ]
estar presente	aanwezig zijn	['ānwezəx zɛjn]
estar ausente	absent zijn	[ap'sɛnt zɛjn]
faltar às aulas	school verzuimen	[sxōl vərzœʏmən]
punir (vt)	bestraffen	[bə'strafən]
punição (f)	bestraffing (de)	[bə'strafiŋ]
comportamento (m)	gedrag (het)	[xə'drax]

boletim (m) escolar	cijferlijst (de)	['sɛjfər·lɛjst]
lápis (m)	potlood (het)	['pɔtlõt]
borracha (f)	gom (de)	[xɔm]
giz (m)	krijt (het)	[krɛjt]
estojo (m)	pennendoos (de)	['penən·dõs]

pasta (f) escolar	boekentas (de)	['bukən·tas]
caneta (f)	pen (de)	[pen]
caderno (m)	schrift (de)	[sxrift]
manual (m) escolar	leerboek (het)	['lẽr·buk]
compasso (m)	passer (de)	['pasɛr]

| traçar (vt) | technisch tekenen | ['tɛxnis 'tekənən] |
| desenho (m) técnico | technische tekening (de) | ['tɛxnisə 'tekəniŋ] |

poesia (f)	gedicht (het)	[xə'diht]
de cor	van buiten	[van 'bœytən]
aprender de cor	van buiten leren	[van 'bœytən 'lerən]

férias (f pl)	vakantie (de)	[va'kantsi]
estar de férias	met vakantie zijn	[mɛt va'kantsi zɛjn]
passar as férias	vakantie doorbrengen	[va'kantsi 'dõrbreŋən]

teste (m)	toets (de)	[tuts]
composição, redação (f)	opstel (het)	['ɔpstəl]
ditado (m)	dictee (het)	[dik'tẽ]
exame (m)	examen (het)	[ɛk'samən]
fazer exame	examen afleggen	[ɛk'samən 'aflexən]
experiência (~ química)	experiment (het)	[ɛksperi'mɛnt]

95. Colégio. Universidade

academia (f)	academie (de)	[aka'demi]
universidade (f)	universiteit (de)	[junivɛrsi'tɛjt]
faculdade (f)	faculteit (de)	[fakʉl'tɛjt]

estudante (m)	student (de)	[stʉ'dɛnt]
estudante (f)	studente (de)	[stʉ'dɛntə]
professor (m)	leraar (de)	['lerãr]

| sala (f) de palestras | collegezaal (de) | [kɔ'leʒə·zãl] |
| graduado (m) | afgestudeerde (de) | ['afxɛstʉ'dẽrdə] |

| diploma (m) | diploma (het) | [di'plɔma] |
| tese (f) | dissertatie (de) | [disɛr'tatsi] |

| estudo (obra) | onderzoek (het) | ['ɔndərzuk] |
| laboratório (m) | laboratorium (het) | [labɔra'tɔrijum] |

| palestra (f) | college (het) | [kɔ'leʒə] |
| colega (m) de curso | medestudent (de) | ['medə·stʉ'dɛnt] |

| bolsa (f) de estudos | studiebeurs (de) | ['stʉdi'børs] |
| grau (m) académico | academische graad (de) | [aka'demisə xrãt] |

96. Ciências. Disciplinas

matemática (f)	wiskunde (de)	['wiskʉndə]
álgebra (f)	algebra (de)	['alxəbra]
geometria (f)	meetkunde (de)	['mētkʉndə]
astronomia (f)	astronomie (de)	[astrɔnɔ'mi]
biologia (f)	biologie (de)	[biɔlɔ'xi]
geografia (f)	geografie (de)	[xeoxra'fi]
geologia (f)	geologie (de)	[xeolɔ'xi]
história (f)	geschiedenis (de)	[xə'sxidənis]
medicina (f)	geneeskunde (de)	[xə'nēs·kʉndə]
pedagogia (f)	pedagogiek (de)	[peda'xɔxik]
direito (m)	rechten	['rɛxtən]
física (f)	fysica, natuurkunde (de)	['fizika], [na'tūrkʉndə]
química (f)	scheikunde (de)	['sxɛjkʉndə]
filosofia (f)	filosofie (de)	[filɔzɔ'fi]
psicologia (f)	psychologie (de)	[psihɔlɔ'xi]

97. Sistema de escrita. Ortografia

gramática (f)	grammatica (de)	[xra'matika]
vocabulário (m)	vocabulaire (het)	[vɔkabʉ'lɛːr]
fonética (f)	fonetiek (de)	[fɔnɛ'tik]
substantivo (m)	zelfstandig naamwoord (het)	[zɛlf'standix 'nãmwōrt]
adjetivo (m)	bijvoeglijk naamwoord (het)	[bɛj'fuxlək 'nãmwōrt]
verbo (m)	werkwoord (het)	['wɛrk·vɔrt]
advérbio (m)	bijwoord (het)	['bɛj·wōrt]
pronome (m)	voornaamwoord (het)	['vōrnãm·wōrt]
interjeição (f)	tussenwerpsel (het)	['tʉsən·'wɛrpsəl]
preposição (f)	voorzetsel (het)	['vōrzɛtsəl]
raiz (f) da palavra	stam (de)	[stam]
terminação (f)	achtervoegsel (het)	['axtər·vuxsəl]
prefixo (m)	voorvoegsel (het)	['vōr·vuxsəl]
sílaba (f)	lettergreep (de)	['lɛtər·xrēp]
sufixo (m)	achtervoegsel (het)	['axtər·vuxsəl]
acento (m)	nadruk (de)	['nadrʉk]
apóstrofo (m)	afkappingsteken (het)	['afkapiŋs·'tekən]
ponto (m)	punt (de)	[pʉnt]
vírgula (f)	komma (de/het)	['kɔma]
ponto e vírgula (m)	puntkomma (de)	[pʉnt·'kɔma]
dois pontos (m pl)	dubbelpunt (de)	['dʉbəl·pʉnt]
reticências (f pl)	beletselteken (het)	[bə'lɛtsel·'tekən]
ponto (m) de interrogação	vraagteken (het)	['vrãx·tekən]

ponto (m) de exclamação	uitroepteken (het)	['œytrup·tekən]
aspas (f pl)	aanhalingstekens	['ānhaliŋs·'tekəns]
entre aspas	tussen aanhalingstekens	['tʉsən 'ānhaliŋ's·tekəns]
parênteses (m pl)	haakjes	['hākjəs]
entre parênteses	tussen haakjes	['tʉsən 'hākjəs]

hífen (m)	streepje (het)	['strēpjə]
travessão (m)	gedachtestreepje (het)	[xə'dahtə 'strēpjə]
espaço (m)	spatie (de)	['spatsi]

| letra (f) | letter (de) | ['lɛtər] |
| letra (f) maiúscula | hoofdletter (de) | [hōft·'lɛtər] |

| vogal (f) | klinker (de) | ['klinkər] |
| consoante (f) | medeklinker (de) | ['medə·'klinkər] |

frase (f)	zin (de)	[zin]
sujeito (m)	onderwerp (het)	['ɔndərwɛrp]
predicado (m)	gezegde (het)	[xə'zɛxdə]

linha (f)	regel (de)	['rexəl]
em uma nova linha	op een nieuwe regel	[ɔp en 'niuə 'rexəl]
parágrafo (m)	alinea (de)	[a'linɛa]

palavra (f)	woord (het)	[wōrt]
grupo (m) de palavras	woordgroep (de)	['wōrt·xrup]
expressão (f)	uitdrukking (de)	['œydrykiŋ]
sinónimo (m)	synoniem (het)	[sinɔ'nim]
antónimo (m)	antoniem (het)	[antɔ'nim]

regra (f)	regel (de)	['rexəl]
exceção (f)	uitzondering (de)	['œytzɔndəriŋ]
correto	correct	[kɔ'rɛkt]

conjugação (f)	vervoeging, conjugatie (de)	[vər'vuxiŋ], [kɔnju'xatsi]
declinação (f)	verbuiging, declinatie (de)	[vərbœyxiŋ], [dekli'natsi]
caso (m)	naamval (de)	['nāmval]
pergunta (f)	vraag (de)	[vrāx]
sublinhar (vt)	onderstrepen	['ɔndər'strepən]
linha (f) pontilhada	stippellijn (de)	['stipəl·lɛjn]

98. Línguas estrangeiras

língua (f)	taal (de)	[tāl]
estrangeiro	vreemd	[vrēmt]
língua (f) estrangeira	vreemde taal (de)	['vrēmdə tāl]
estudar (vt)	leren	['lerən]
aprender (vt)	studeren	[stʉ'derən]

ler (vt)	lezen	['lezən]
falar (vi)	spreken	['sprekən]
compreender (vt)	begrijpen	[bə'xrɛjpən]
escrever (vt)	schrijven	['sxrɛjvən]
rapidamente	snel	[snɛl]

devagar	langzaam	['laŋzām]
fluentemente	vloeiend	['vlujənt]

regras (f pl)	regels	['rexəls]
gramática (f)	grammatica (de)	[xra'matika]
vocabulário (m)	vocabulaire (het)	[vɔkabʉ'lɛ:r]
fonética (f)	fonetiek (de)	[fɔnɛ'tik]

manual (m) escolar	leerboek (het)	['lēr·buk]
dicionário (m)	woordenboek (het)	['wōrdən·buk]
manual (m) de autoaprendizagem	leerboek (het) voor zelfstudie	['lērbuk vōr 'zɛlfstʉdi]
guia (m) de conversação	taalgids (de)	['tāl·xits]

cassete (f)	cassette (de)	[ka'sɛtə]
vídeo cassete (m)	videocassette (de)	['videɔ·ka'sɛtə]
CD (m)	CD (de)	[se'de]
DVD (m)	DVD (de)	[deve'de]

alfabeto (m)	alfabet (het)	['alfabət]
soletrar (vt)	spellen	['spɛlən]
pronúncia (f)	uitspraak (de)	['œʏtsprāk]

sotaque (m)	accent (het)	[ak'sɛnt]
com sotaque	met een accent	[mɛt en ak'sɛnt]
sem sotaque	zonder accent	['zɔndər ak'sɛnt]

palavra (f)	woord (het)	[wōrt]
sentido (m)	betekenis (de)	[bə'tekənis]

cursos (m pl)	cursus (de)	['kʉrzʉs]
inscrever-se (vr)	zich inschrijven	[zix 'insxrɛjvən]
professor (m)	leraar (de)	['lerār]

tradução (processo)	vertaling (de)	[vər'taliŋ]
tradução (texto)	vertaling (de)	[vər'taliŋ]
tradutor (m)	vertaler (de)	[vər'talər]
intérprete (m)	tolk (de)	[tɔlk]

poliglota (m)	polyglot (de)	[pɔli'xlɔt]
memória (f)	geheugen (het)	[xə'høxən]

Descanso. Entretenimento. Viagens

99. Viagens

turismo (m)	toerisme (het)	[tu'rismə]
turista (m)	toerist (de)	[tu'rist]
viagem (f)	reis (de)	[rɛjs]
aventura (f)	avontuur (het)	[avɔn'tūr]
viagem (f)	tocht (de)	[tɔxt]
férias (f pl)	vakantie (de)	[va'kantsi]
estar de férias	met vakantie zijn	[mɛt va'kantsi zɛjn]
descanso (m)	rust (de)	[rʉst]
comboio (m)	trein (de)	[trɛjn]
de comboio (chegar ~)	met de trein	[mɛt də trɛjn]
avião (m)	vliegtuig (het)	['vlixtœyx]
de avião	met het vliegtuig	[mɛt ət 'vlixtœyx]
de carro	met de auto	[mɛt də 'autɔ]
de navio	per schip	[pər sxip]
bagagem (f)	bagage (de)	[ba'xaʒə]
mala (f)	valies (de)	[va'lis]
carrinho (m)	bagagekarretje (het)	[ba'xaʒə·'karɛtʃə]
passaporte (m)	paspoort (het)	['paspɔ̄rt]
visto (m)	visum (het)	['vizʉm]
bilhete (m)	kaartje (het)	['kārtʃə]
bilhete (m) de avião	vliegticket (het)	['vlix·'tikət]
guia (m) de viagem	reisgids (de)	['rɛjs·xids]
mapa (m)	kaart (de)	[kārt]
local (m), area (f)	gebied (het)	[xə'bit]
lugar, sítio (m)	plaats (de)	[plāts]
exotismo (m)	exotische bestemming (de)	[ɛ'ksɔtise bɛ'stemiŋ]
exótico	exotisch	[ɛk'sɔtis]
surpreendente	verwonderlijk	[vər'wɔndərlək]
grupo (m)	groep (de)	[xrup]
excursão (f)	rondleiding (de)	['rɔntlɛjdiŋ]
guia (m)	gids (de)	[xits]

100. Hotel

hotel (m)	hotel (het)	[hɔ'tɛl]
motel (m)	motel (het)	[mɔ'tɛl]
três estrelas	3-sterren	[dri-'stɛrən]

cinco estrelas	**5-sterren**	[vɛjf-'stɛrən]
ficar (~ num hotel)	**overnachten**	[ɔvər'naxtən]

quarto (m)	**kamer (de)**	['kamər]
quarto (m) individual	**eenpersoonskamer (de)**	[ēnpɛr'sōns·'kamər]
quarto (m) duplo	**tweepersoonskamer (de)**	[twē·pɛr'sōns·'kamər]
reservar um quarto	**een kamer reserveren**	[ən 'kamər rezər'verən]

meia pensão (f)	**halfpension (het)**	[half·pɛn'ʃon]
pensão (f) completa	**volpension (het)**	['vɔl·pɛn'ʃon]

com banheira	**met badkamer**	[mɛt 'batkamər]
com duche	**met douche**	[mɛt 'duʃ]
televisão (m) satélite	**satelliet-tv (de)**	[satə'lit-te've]
ar (m) condicionado	**airconditioner (de)**	[ɛr·kɔn'diʃənər]
toalha (f)	**handdoek (de)**	['handuk]
chave (f)	**sleutel (de)**	['sløtəl]

administrador (m)	**administrateur (de)**	[atministra'tør]
camareira (f)	**kamermeisje (het)**	['kamər·'mɛjɕə]
bagageiro (m)	**piccolo (de)**	['pikɔlɔ]
porteiro (m)	**portier (de)**	[pɔ'rtīr]

restaurante (m)	**restaurant (het)**	[rɛstɔ'rant]
bar (m)	**bar (de)**	[bar]
pequeno-almoço (m)	**ontbijt (het)**	[ɔn'bɛjt]
jantar (m)	**avondeten (het)**	['avɔntetən]
buffet (m)	**buffet (het)**	[bʉ'fɛt]

hall (m) de entrada	**hal (de)**	[hal]
elevador (m)	**lift (de)**	[lift]

NÃO PERTURBE	**NIET STOREN**	[nit 'storən]
PROIBIDO FUMAR!	**VERBODEN TE ROKEN!**	[vər'bodən tə 'rokən]

EQUIPAMENTO TÉCNICO. TRANSPORTES

Equipamento técnico. Transportes

101. Computador

computador (m)	computer (de)	[kɔm'pjutər]
portátil (m)	laptop (de)	['laptɔp]
ligar (vt)	aanzetten	['ānzɛtən]
desligar (vt)	uitzetten	['œʏtzɛtən]
teclado (m)	toetsenbord (het)	['tutsən·bɔrt]
tecla (f)	toets (de)	[tuts]
rato (m)	muis (de)	[mœʏs]
tapete (m) de rato	muismat (de)	['mœʏs·mat]
botão (m)	knopje (het)	['knɔpjə]
cursor (m)	cursor (de)	['kʉrzɔr]
monitor (m)	monitor (de)	['mɔnitɔr]
ecrã (m)	scherm (het)	[sxɛrm]
disco (m) rígido	harde schijf (de)	['hardə sxɛjf]
capacidade (f) do disco rígido	volume (het) van de harde schijf	[vɔ'lʉmə van də 'hardə sxɛjf]
memória (f)	geheugen (het)	[xə'høxən]
memória RAM (f)	RAM-geheugen (het)	[rɛm-xə'høxən]
ficheiro (m)	bestand (het)	[bə'stant]
pasta (f)	folder (de)	['fɔldər]
abrir (vt)	openen	['ɔpənən]
fechar (vt)	sluiten	['slœʏtən]
guardar (vt)	opslaan	['ɔpslān]
apagar, eliminar (vt)	verwijderen	[vər'wɛjdərən]
copiar (vt)	kopiëren	[kɔpi'erən]
ordenar (vt)	sorteren	[sɔr'terən]
copiar (vt)	overplaatsen	[ɔvər'platsən]
programa (m)	programma (het)	[prɔ'xrama]
software (m)	software (de)	[sɔft'wɛr]
programador (m)	programmeur (de)	[prɔxra'mør]
programar (vt)	programmeren	[prɔxra'merən]
hacker (m)	hacker (de)	['hakər]
senha (f)	wachtwoord (het)	['waxt·wõrt]
vírus (m)	virus (het)	['virʉs]
detetar (vt)	ontdekken	[ɔn'dɛkən]

byte (m)	byte (de)	[bajt]
megabyte (m)	megabyte (de)	['mexabajt]
dados (m pl)	data (de)	['data]
base (f) de dados	databank (de)	['data·bank]
cabo (m)	kabel (de)	['kabəl]
desconectar (vt)	afsluiten	['afslœʏtən]
conetar (vt)	aansluiten op	['ānslœʏtən ɔp]

102. Internet. E-mail

internet (f)	internet (het)	['intɛrnɛt]
browser (m)	browser (de)	['brausər]
motor (m) de busca	zoekmachine (de)	['zuk·ma'ʃinə]
provedor (m)	internetprovider (de)	['intɛrnɛt·pro'vajdər]
webmaster (m)	webmaster (de)	[wɛb·'mastər]
website, sítio web (m)	website (de)	[wɛbsajt]
página (f) web	webpagina (de)	[wɛb·'paxina]
endereço (m)	adres (het)	[ad'rɛs]
livro (m) de endereços	adresboek (het)	[ad'rɛs·buk]
caixa (f) de correio	postvak (het)	['pɔst·vak]
correio (m)	post (de)	[pɔst]
cheia (caixa de correio)	vol	[vɔl]
mensagem (f)	bericht (het)	[bə'rixt]
mensagens (f pl) recebidas	binnenkomende berichten	['binənkɔmɛndə bə'rixtən]
mensagens (f pl) enviadas	uitgaande berichten	['œʏtxāndə bə'rihtən]
remetente (m)	verzender (de)	[vər'zɛndər]
enviar (vt)	verzenden	[vər'zɛndən]
envio (m)	verzending (de)	[vər'zɛndiŋ]
destinatário (m)	ontvanger (de)	[ɔnt'faŋər]
receber (vt)	ontvangen	[ɔnt'faŋən]
correspondência (f)	correspondentie (de)	[kɔrɛspɔn'dɛntsi]
corresponder-se (vr)	corresponderen	[kɔrɛspɔn'derən]
ficheiro (m)	bestand (het)	[bə'stant]
fazer download, baixar	downloaden	[daun'loudən]
criar (vt)	creëren	[kre'jerən]
apagar, eliminar (vt)	verwijderen	[vər'wɛjdərən]
eliminado	verwijderd	[vər'wɛjdərt]
conexão (f)	verbinding (de)	[vər'bindiŋ]
velocidade (f)	snelheid (de)	['snɛlhɛjt]
modem (m)	modem (de)	['mɔdɛm]
acesso (m)	toegang (de)	['tuxaŋ]
porta (f)	poort (de)	['pōrt]
conexão (f)	aansluiting (de)	['ānslœʏtiŋ]
conetar (vi)	zich aansluiten	[zix 'ānslœʏtən]

escolher (vt)	selecteren	[sɛlɛk'terən]
buscar (vt)	zoeken	['zukən]

103. Eletricidade

eletricidade (f)	elektriciteit (de)	[ɛlɛktrisi'tɛjt]
elétrico	elektrisch	[ɛ'lɛktris]
central (f) elétrica	elektriciteitscentrale (de)	[ɛlɛktrisi'tɛjt·sən'tralə]
energia (f)	energie (de)	[ɛnɛr'ʒi]
energia (f) elétrica	elektrisch vermogen (het)	[ɛ'lɛktris vər'mɔxən]
lâmpada (f)	lamp (de)	[lamp]
lanterna (f)	zaklamp (de)	['zak·lamp]
poste (m) de iluminação	straatlantaarn (de)	['strāt·lan'tārn]
luz (f)	licht (het)	[lixt]
ligar (vt)	aandoen	['āndun]
desligar (vt)	uitdoen	['œytdun]
apagar a luz	het licht uitdoen	[ət 'lixt 'œytdun]
fundir (vi)	doorbranden	['dōrbrandən]
curto-circuito (m)	kortsluiting (de)	['kɔrt·slœytiŋ]
rutura (f)	onderbreking (de)	['ɔndər'brekiŋ]
contacto (m)	contact (het)	[kɔn'takt]
interruptor (m)	schakelaar (de)	['sxakəlār]
tomada (f)	stopcontact (het)	['stɔp·kɔn'takt]
ficha (f)	stekker (de)	['stɛkər]
extensão (f)	verlengsnoer (de)	[vər'lɛŋ·snur]
fusível (m)	zekering (de)	['zekəriŋ]
fio, cabo (m)	kabel (de)	['kabəl]
instalação (f) elétrica	bedrading (de)	[bə'dradiŋ]
ampere (m)	ampère (de)	[am'pɛrə]
amperagem (f)	stroomsterkte (de)	[strōm·'stɛrktə]
volt (m)	volt (de)	[vɔlt]
voltagem (f)	spanning (de)	['spaniŋ]
aparelho (m) elétrico	elektrisch toestel (het)	[ɛ'lɛktris 'tustəl]
indicador (m)	indicator (de)	[indi'katɔr]
eletricista (m)	elektricien (de)	[ɛlɛktri'sjen]
soldar (vt)	solderen	[sɔl'derən]
ferro (m) de soldar	soldeerbout (de)	[sɔl'dēr·baut]
corrente (f) elétrica	stroom (de)	[strōm]

104. Ferramentas

ferramenta (f)	werktuig (het)	['wɛrktœyx]
ferramentas (f pl)	gereedschap (het)	[xə'rētsxap]
equipamento (m)	uitrusting (de)	['œytrystiŋ]

martelo (m)	hamer (de)	['hamər]
chave (f) de fendas	schroevendraaier (de)	['sxruvən·'drājər]
machado (m)	bijl (de)	[bɛjl]

serra (f)	zaag (de)	[zāx]
serrar (vt)	zagen	['zaxən]
plaina (f)	schaaf (de)	[sxāf]
aplainar (vt)	schaven	['sxavən]
ferro (m) de soldar	soldeerbout (de)	[sɔl'dēr·baut]
soldar (vt)	solderen	[sɔl'derən]

lima (f)	vijl (de)	[vɛjl]
tenaz (f)	nijptang (de)	['nɛjp·taŋ]
alicate (m)	combinatietang (de)	[kɔmbi'natsi·taŋ]
formão (m)	beitel (de)	['bɛjtəl]

broca (f)	boorkop (de)	['bōrkɔp]
berbequim (f)	boormachine (de)	[bōr·ma'ʃinə]
furar (vt)	boren	['bɔrən]

faca (f)	mes (het)	[mɛs]
lâmina (f)	lemmet (het)	['lemət]

afiado	scherp	[sxɛrp]
cego	bot	[bɔt]
embotar-se (vr)	bot raken	[bɔt 'rakən]
afiar, amolar (vt)	slijpen	['slɛjpən]

parafuso (m)	bout (de)	['baut]
porca (f)	moer (de)	[mur]
rosca (f)	schroefdraad (de)	['sxruf·drāt]
parafuso (m) para madeira	houtschroef (de)	['haut·sxruf]

prego (m)	spijker (de)	['spɛjkər]
cabeça (f) do prego	kop (de)	[kɔp]

régua (f)	liniaal (de/het)	[lini'āl]
fita (f) métrica	rolmeter (de)	['rɔl·metər]
nível (m)	waterpas (de/het)	['watərpas]
lupa (f)	loep (de)	[lup]

medidor (m)	meetinstrument (het)	['mēt·instru'mɛnt]
medir (vt)	opmeten	['ɔpmetən]
escala (f)	schaal (de)	[sxāl]
indicação (f), registo (m)	gegevens	[xə'xevəns]

compressor (m)	compressor (de)	[kɔm'presɔr]
microscópio (m)	microscoop (de)	[mikrɔ'skōp]

bomba (f)	pomp (de)	[pɔmp]
robô (m)	robot (de)	['rɔbɔt]
laser (m)	laser (de)	['lezər]

chave (f) de boca	moersleutel (de)	['mur·'sløtəl]
fita (f) adesiva	plakband (de)	['plak·bant]
cola (f)	lijm (de)	[lɛjm]

lixa (f)	schuurpapier (het)	[sxūr·pa'pir]
mola (f)	veer (de)	[vēr]
íman (m)	magneet (de)	[max'nēt]
luvas (f pl)	handschoenen	['xand 'sxunən]
corda (f)	touw (het)	['tau]
cordel (m)	snoer (het)	[snur]
fio (m)	draad (de)	[drāt]
cabo (m)	kabel (de)	['kabəl]
marreta (f)	moker (de)	['mɔkər]
pé de cabra (m)	breekijzer (het)	['brē'kɛjzər]
escada (f) de mão	ladder (de)	['ladər]
escadote (m)	trapje (het)	['trapje]
enroscar (vt)	aanschroeven	['ānsxruvən]
desenroscar (vt)	losschroeven	[lɔs'sxruvən]
apertar (vt)	dichtpersen	['dixtpɛrsən]
colar (vt)	vastlijmen	[vast'lɛjmən]
cortar (vt)	snijden	['snɛjdən]
falha (mau funcionamento)	defect (het)	[de'fɛkt]
conserto (m)	reparatie (de)	[repa'ratsi]
consertar, reparar (vt)	repareren	[repa'rerən]
regular, ajustar (vt)	regelen	['rexələn]
verificar (vt)	checken	['tʃɛkən]
verificação (f)	controle (de)	[kɔn'trɔlə]
indicação (f), registo (m)	gegevens	[xə'xevəns]
seguro	degelijk	['dexələk]
complicado	ingewikkeld	[inxe'wikəlt]
enferrujar (vi)	roesten	['rustən]
enferrujado	roestig	['rustəx]
ferrugem (f)	roest (de/het)	[rust]

Transportes

105. Avião

avião (m)	vliegtuig (het)	['vlixtœyx]
bilhete (m) de avião	vliegticket (het)	['vlix·'tikət]
companhia (f) aérea	luchtvaart-maatschappij (de)	['lʉxtvārt mātsxa'pɛj]
aeroporto (m)	luchthaven (de)	['lʉxthavən]
supersónico	supersonisch	[sʉpər'sɔnis]
comandante (m) do avião	gezagvoerder (de)	[xəzax·'vurdər]
tripulação (f)	bemanning (de)	[bə'maniŋ]
piloto (m)	piloot (de)	[pi'lōt]
hospedeira (f) de bordo	stewardess (de)	[stʉwər'dɛs]
copiloto (m)	stuurman (de)	['stūrman]
asas (f pl)	vleugels	['vløxəls]
cauda (f)	staart (de)	[stārt]
cabine (f) de pilotagem	cabine (de)	[ka'binə]
motor (m)	motor (de)	['mɔtɔr]
trem (m) de aterragem	landingsgestel (het)	['landiŋs·xə'stɛl]
turbina (f)	turbine (de)	[tʉr'binə]
hélice (f)	propeller (de)	[prɔ'pelər]
caixa-preta (f)	zwarte doos (de)	['zwartə dōs]
coluna (f) de controlo	stuur (het)	[stūr]
combustível (m)	brandstof (de)	['brandstɔf]
instruções (f pl) de segurança	veiligheidskaart (de)	['vɛjləxhɛjts·kārt]
máscara (f) de oxigénio	zuurstofmasker (het)	['zūrstɔf·'maskər]
uniforme (m)	uniform (het)	['juniform]
colete (m) salva-vidas	reddingsvest (de)	['rɛdiŋs·vɛst]
paraquedas (m)	parachute (de)	[para'ʃʉtə]
descolagem (f)	opstijgen (het)	['ɔpstɛjxən]
descolar (vi)	opstijgen	['ɔpstɛjxən]
pista (f) de descolagem	startbaan (de)	['start·bān]
visibilidade (f)	zicht (het)	[zixt]
voo (m)	vlucht (de)	[vlʉxt]
altura (f)	hoogte (de)	['hōxtə]
poço (m) de ar	luchtzak (de)	['lʉxt·zak]
assento (m)	plaats (de)	[plāts]
auscultadores (m pl)	koptelefoon (de)	['kɔp·telə'fōn]
mesa (f) rebatível	tafeltje (het)	['tafɛltʃə]
vigia (f)	venster (het)	['vɛnstər]
passagem (f)	gangpad (het)	['haŋpat]

106. Comboio

comboio (m)	trein (de)	[trɛjn]
comboio (m) suburbano	elektrische trein (de)	[ɛ'lɛktrisə trɛjn]
comboio (m) rápido	sneltrein (de)	['snɛl·trɛjn]
locomotiva (f) diesel	diesellocomotief (de)	['dizəl·lɔkɔmɔ'tif]
locomotiva (f) a vapor	stoomlocomotief (de)	[stōm·lɔkɔmɔ'tif]
carruagem (f)	rijtuig (het)	['rɛjtœyx]
carruagem restaurante (f)	restauratierijtuig (het)	[rɛstɔ'ratsi·'rɛjtœyx]
carris (m pl)	rails	['rɛjls]
caminho de ferro (m)	spoorweg (de)	['spōr·wɛx]
travessa (f)	dwarsligger (de)	['dwars·lixə]
plataforma (f)	perron (het)	[pɛ'rɔn]
linha (f)	spoor (het)	[spōr]
semáforo (m)	semafoor (de)	[səma'fōr]
estação (f)	halte (de)	['haltə]
maquinista (m)	machinist (de)	[maʃi'nist]
bagageiro (m)	kruier (de)	['krœyər]
hospedeiro, -a (da carruagem)	conducteur (de)	[kɔndɯk'tør]
passageiro (m)	passagier (de)	[pasa'xir]
revisor (m)	controleur (de)	[kɔntrɔ'lør]
corredor (m)	gang (de)	[xaŋ]
freio (m) de emergência	noodrem (de)	['nōd·rɛm]
compartimento (m)	coupé (de)	[ku'pɛ]
cama (f)	bed (het)	[bɛt]
cama (f) de cima	bovenste bed (het)	['bovənstə bɛt]
cama (f) de baixo	onderste bed (het)	['ɔndərstə bɛt]
roupa (f) de cama	beddengoed (het)	['bɛdən·xut]
bilhete (m)	kaartje (het)	['kārtʃə]
horário (m)	dienstregeling (de)	[dinst·'rexəliŋ]
painel (m) de informação	informatiebord (het)	[infɔr'matsi·bɔrt]
partir (vt)	vertrekken	[vər'trɛkən]
partida (f)	vertrek (het)	[vər'trɛk]
chegar (vi)	aankomen	['ānkɔmən]
chegada (f)	aankomst (de)	['ānkɔmst]
chegar de comboio	aankomen per trein	['ānkɔmən pɛr trɛjn]
apanhar o comboio	in de trein stappen	[in də 'trɛjn 'stapən]
sair do comboio	uit de trein stappen	['œyt də 'trɛjn 'stapən]
acidente (m) ferroviário	treinwrak (het)	['trɛjn·wrak]
descarrilar (vi)	ontspoord zijn	[ɔnt'spōrt zɛjn]
locomotiva (f) a vapor	stoomlocomotief (de)	[stōm·lɔkɔmɔ'tif]
fogueiro (m)	stoker (de)	['stɔkər]
fornalha (f)	stookplaats (de)	['stōk·plāts]
carvão (m)	steenkool (de)	['stēn·kōl]

107. Barco

navio (m)	schip (het)	[sxip]
embarcação (f)	vaartuig (het)	['vārtœɣx]
vapor (m)	stoomboot (de)	['stōm·bōt]
navio (m)	motorschip (het)	['mɔtɔr·sxip]
transatlântico (m)	lijnschip (het)	['lɛjn·sxip]
cruzador (m)	kruiser (de)	['krœysər]
iate (m)	jacht (het)	[jaxt]
rebocador (m)	sleepboot (de)	['slēp·bōt]
barcaça (f)	duwbak (de)	['duwbak]
ferry (m)	ferryboot (de)	['fɛri·bōt]
veleiro (m)	zeilboot (de)	['zɛjl·bōt]
bergantim (m)	brigantijn (de)	[brixan'tɛjn]
quebra-gelo (m)	ijsbreker (de)	['ɛjs·brekər]
submarino (m)	duikboot (de)	['dœyk·bōt]
bote, barco (m)	boot (de)	[bōt]
bote, dingue (m)	sloep (de)	[slup]
bote (m) salva-vidas	reddingssloep (de)	['rɛdiŋs·slup]
lancha (f)	motorboot (de)	['mɔtɔr·bōt]
capitão (m)	kapitein (de)	[kapi'tɛjn]
marinheiro (m)	zeeman (de)	['zēman]
marujo (m)	matroos (de)	[ma'trōs]
tripulação (f)	bemanning (de)	[bə'maniŋ]
contramestre (m)	bootsman (de)	['bōtsman]
grumete (m)	scheepsjongen (de)	['sxēps·'jɔŋən]
cozinheiro (m) de bordo	kok (de)	[kɔk]
médico (m) de bordo	scheepsarts (de)	['sxēps·arts]
convés (m)	dek (het)	[dɛk]
mastro (m)	mast (de)	[mast]
vela (f)	zeil (het)	[zɛjl]
porão (m)	ruim (het)	[rœym]
proa (f)	voorsteven (de)	['vōrstevən]
popa (f)	achtersteven (de)	['axtər·stevən]
remo (m)	roeispaan (de)	['rujs·pān]
hélice (f)	schroef (de)	[sxruf]
camarote (m)	kajuit (de)	[kajœyt]
sala (f) dos oficiais	officierskamer (de)	[ɔfi'sir·'kamər]
sala (f) das máquinas	machinekamer (de)	[ma'ʃinə·'kamər]
ponte (m) de comando	brug (de)	[brʉx]
sala (f) de comunicações	radiokamer (de)	['radiɔ·'kamər]
onda (f) de rádio	radiogolf (de)	['radiɔ·xɔlf]
diário (m) de bordo	logboek (het)	['lɔxbuk]
luneta (f)	verrekijker (de)	['vɛrəkɛjkər]
sino (m)	klok (de)	[klɔk]

bandeira (f)	vlag (de)	['vlax]
cabo (m)	kabel (de)	['kabəl]
nó (m)	knoop (de)	[knōp]
corrimão (m)	leuning (de)	['løniŋ]
prancha (f) de embarque	trap (de)	[trap]
âncora (f)	anker (het)	['ankər]
recolher a âncora	het anker lichten	[ət 'ankər 'lixtən]
lançar a âncora	het anker neerlaten	[ət 'ankər 'nērlatən]
amarra (f)	ankerketting (de)	['ankər·'ketiŋ]
porto (m)	haven (de)	['havən]
cais, amarradouro (m)	kaai (de)	[kāj]
atracar (vi)	aanleggen	['ānlexən]
desatracar (vi)	wegvaren	['wɛxvarən]
viagem (f)	reis (de)	[rɛjs]
cruzeiro (m)	cruise (de)	[krus]
rumo (m), rota (f)	koers (de)	[kurs]
itinerário (m)	route (de)	['rutə]
canal (m) navegável	vaarwater (het)	['vār·watər]
banco (m) de areia	zandbank (de)	['zant·bank]
encalhar (vt)	stranden	['strandən]
tempestade (f)	storm (de)	[stɔrm]
sinal (m)	signaal (het)	[si'njāl]
afundar-se (vr)	zinken	['zinkən]
Homem ao mar!	Man overboord!	[man ɔvər'bōrt]
SOS	SOS	[ɛs ɔ ɛs]
boia (f) salva-vidas	reddingsboei (de)	['rɛdiŋs·bui]

108. Aeroporto

aeroporto (m)	luchthaven (de)	['lʉxthavən]
avião (m)	vliegtuig (het)	['vlixtœyx]
companhia (f) aérea	luchtvaart-maatschappij (de)	['lʉxtvārt mātsxa'pɛj]
controlador (m) de tráfego aéreo	luchtverkeersleider (de)	['lʉxt·verkērs·'lɛjdər]
partida (f)	vertrek (het)	[vər'trɛk]
chegada (f)	aankomst (de)	['ānkɔmst]
chegar (~ de avião)	aankomen	['ānkɔmən]
hora (f) de partida	vertrektijd (de)	[vər'trɛk·tɛjt]
hora (f) de chegada	aankomstuur (het)	['ānkɔmst·'ūr]
estar atrasado	vertraagd zijn	[vər'trāxt zɛjn]
atraso (m) de voo	vluchtvertraging (de)	['vlʉxt·vərt'raxiŋ]
painel (m) de informação	informatiebord (het)	[infɔr'matsi·bɔrt]
informação (f)	informatie (de)	[infɔr'matsi]

anunciar (vt)	aankondigen	['ānkɔndəxən]
voo (m)	vlucht (de)	[vlʉxt]
alfândega (f)	douane (de)	[du'anə]
funcionário (m) da alfândega	douanier (de)	[dua'njē]
declaração (f) alfandegária	douaneaangifte (de)	[du'anə·'ānxiftə]
preencher (vt)	invullen	['invʉlən]
preencher a declaração	een douaneaangifte invullen	[en du'anə·'ānxiftə 'invʉlən]
controlo (m) de passaportes	paspoortcontrole (de)	['paspōrt·kɔn'trɔlə]
bagagem (f)	bagage (de)	[ba'xaʒə]
bagagem (f) de mão	handbagage (de)	[hant·ba'xaʒə]
carrinho (m)	bagagekarretje (het)	[ba'xaʒə·'karɛtʃə]
aterragem (f)	landing (de)	['landiŋ]
pista (f) de aterragem	landingsbaan (de)	['landiŋs·bān]
aterrar (vi)	landen	['landən]
escada (f) de avião	vliegtuigtrap (de)	['vlixtœyx·trap]
check-in (m)	inchecken (het)	['intʃɛkən]
balcão (m) do check-in	incheckbalie (de)	['intʃɛk·'bali]
fazer o check-in	inchecken	['intʃɛkən]
cartão (m) de embarque	instapkaart (de)	['instap·kārt]
porta (f) de embarque	gate (de)	[gejt]
trânsito (m)	transit (de)	['transit]
esperar (vi, vt)	wachten	['waxtən]
sala (f) de espera	wachtzaal (de)	['waxt·zāl]
despedir-se de …	begeleiden	[bəxə'lɛjdən]
despedir-se (vr)	afscheid nemen	['afsxɛjt 'nemən]

Eventos

109. Férias. Evento

festa (f)	feest (het)	[fēst]
festa (f) nacional	nationale feestdag (de)	[natsjo'nalə 'fēstdax]
feriado (m)	feestdag (de)	['fēst·dax]
festejar (vt)	herdenken	['hɛrdɛŋkən]
evento (festa, etc.)	gebeurtenis (de)	[xə'børtənis]
evento (banquete, etc.)	evenement (het)	[ɛvənə'mɛnt]
banquete (m)	banket (het)	[ban'ket]
receção (f)	receptie (de)	[re'sɛpsi]
festim (m)	feestmaal (het)	['fēst·māl]
aniversário (m)	verjaardag (de)	[vər'jār·dax]
jubileu (m)	jubileum (het)	[jubi'lejum]
celebrar (vt)	vieren	['virən]
Ano (m) Novo	Nieuwjaar (het)	[niu'jār]
Feliz Ano Novo!	Gelukkig Nieuwjaar!	[xə'lʉkəx niu'jār]
Pai (m) Natal	Sinterklaas (de)	[sintər·'klās]
Natal (m)	Kerstfeest (het)	['kɛrstfēst]
Feliz Natal!	Vrolijk kerstfeest!	['vrolək 'kɛrstfēst]
árvore (f) de Natal	kerstboom (de)	['kɛrst·bōm]
fogo (m) de artifício	vuurwerk (het)	['vūr·wɛrk]
boda (f)	bruiloft (de)	['brœʏlɔft]
noivo (m)	bruidegom (de)	['brœʏdəxɔm]
noiva (f)	bruid (de)	['brœʏd]
convidar (vt)	uitnodigen	['œʏtnɔdixən]
convite (m)	uitnodigingskaart (de)	[œʏt'nɔdixiŋs·kārt]
convidado (m)	gast (de)	[xast]
visitar (vt)	op bezoek gaan	[ɔp bə'zuk xān]
receber os hóspedes	gasten verwelkomen	['xastən vər'wɛlkɔmən]
presente (m)	geschenk, cadeau (het)	[xə'sxɛnk]
oferecer (vt)	geven	['xevən]
receber presentes	geschenken ontvangen	[xə'sxɛnkən ɔnt'vaŋən]
ramo (m) de flores	boeket (het)	[bu'kɛt]
felicitações (f pl)	felicitaties	[felisi'tatsis]
felicitar (dar os parabéns)	feliciteren	[felisi'terən]
cartão (m) de parabéns	wenskaart (de)	['wɛns·kārt]
enviar um postal	een kaartje versturen	[en 'kārtʃe vər'stʉrən]
receber um postal	een kaartje ontvangen	[en 'kārtʃe ɔnt'vaŋən]

brinde (m)	toast (de)	[tɔst]
oferecer (vt)	aanbieden	[ãm'bidən]
champanhe (m)	champagne (de)	[ʃʌm'panjə]

divertir-se (vr)	plezier hebben	[plɛ'zir 'hɛbən]
diversão (f)	plezier (het)	[plɛ'zir]
alegria (f)	vreugde (de)	['vrøhdə]

| dança (f) | dans (de) | [dans] |
| dançar (vi) | dansen | ['dansən] |

| valsa (f) | wals (de) | [wals] |
| tango (m) | tango (de) | ['tangɔ] |

110. Funerais. Enterro

cemitério (m)	kerkhof (het)	['kɛrkhɔf]
sepultura (f), túmulo (m)	graf (het)	[xraf]
cruz (f)	kruis (het)	['krœys]
lápide (f)	grafsteen (de)	['xraf·stēn]
cerca (f)	omheining (de)	[ɔm'hɛjniŋ]
capela (f)	kapel (de)	[ka'pɛl]

morte (f)	dood (de)	[dōt]
morrer (vi)	sterven	['stɛrvən]
defunto (m)	overledene (de)	[ɔvər'ledenə]
luto (m)	rouw (de)	['rau]

enterrar, sepultar (vt)	begraven	[bə'xravən]
agência (f) funerária	begrafenis-onderneming (de)	[bə'xrafənis ɔndər'nemiŋ]
funeral (m)	begrafenis (de)	[bə'xrafənis]

coroa (f) de flores	krans (de)	[krans]
caixão (m)	doodskist (de)	['dōd·skist]
carro (m) funerário	lijkwagen (de)	['lɛjk·waxən]
mortalha (f)	lijkkleed (de)	['lɛjk·klēt]

procissão (f) funerária	begrafenisstoet (de)	[bə'xrafənis·stut]
urna (f) funerária	urn (de)	[jurn]
crematório (m)	crematorium (het)	[krema'tɔrijum]

obituário (m), necrologia (f)	overlijdensbericht (het)	[ɔvər'lɛjdəns·bə'rixt]
chorar (vi)	huilen	['hœylən]
soluçar (vi)	snikken	['snikən]

111. Guerra. Soldados

pelotão (m)	peloton (het)	[pelɔ'tɔn]
companhia (f)	compagnie (de)	[kɔmpa'njɪ]
regimento (m)	regiment (het)	[rexi'mɛnt]
exército (m)	leger (het)	['lexər]

divisão (f)	divisie (de)	[di'vizi]
destacamento (m)	sectie (de)	['sɛksi]
hoste (f)	troep (de)	[trup]
soldado (m)	soldaat (de)	[sɔl'dāt]
oficial (m)	officier (de)	[ɔfi'sir]
soldado (m) raso	soldaat (de)	[sɔl'dāt]
sargento (m)	sergeant (de)	[sɛr'ʒant]
tenente (m)	luitenant (de)	[lœʏtə'nant]
capitão (m)	kapitein (de)	[kapi'tɛjn]
major (m)	majoor (de)	[ma'jōr]
coronel (m)	kolonel (de)	[kɔlɔ'nɛl]
general (m)	generaal (de)	[xenə'rāl]
marujo (m)	matroos (de)	[ma'trōs]
capitão (m)	kapitein (de)	[kapi'tɛjn]
contramestre (m)	bootsman (de)	['bōtsman]
artilheiro (m)	artillerist (de)	[artile'rist]
soldado (m) paraquedista	valschermjager (de)	['valsxərm·'jaxər]
piloto (m)	piloot (de)	[pi'lōt]
navegador (m)	stuurman (de)	['stūrman]
mecânico (m)	mecanicien (de)	[mekani'sjen]
sapador (m)	sappeur (de)	[sa'pør]
paraquedista (m)	parachutist (de)	[paraʃʉ'tist]
explorador (m)	verkenner (de)	[vər'kenər]
franco-atirador (m)	scherpschutter (de)	['sxɛrp·sxʉtər]
patrulha (f)	patrouille (de)	[pa'trujə]
patrulhar (vt)	patrouilleren	[patru'jerən]
sentinela (f)	wacht (de)	[waxt]
guerreiro (m)	krijger (de)	['krɛjxə]
patriota (m)	patriot (de)	[patri'ɔt]
herói (m)	held (de)	[hɛlt]
heroína (f)	heldin (de)	[hɛl'din]
traidor (m)	verrader (de)	[və'radər]
trair (vt)	verraden	[və'radən]
desertor (m)	deserteur (de)	[dezɛr'tør]
desertar (vt)	deserteren	[dezɛr'terən]
mercenário (m)	huurling (de)	['hūrliŋ]
recruta (m)	rekruut (de)	[rek'rūt]
voluntário (m)	vrijwilliger (de)	[vrɛj'wiləxər]
morto (m)	gedode (de)	[xə'dɔdə]
ferido (m)	gewonde (de)	[xə'wɔndə]
prisioneiro (m) de guerra	krijgsgevangene (de)	['krɛjxs·xə'vaŋənə]

112. Guerra. Ações militares. Parte 1

guerra (f)	oorlog (de)	['ōrlɔx]
guerrear (vt)	oorlog voeren	['ōrlɔx 'vurən]

guerra (f) civil	burgeroorlog (de)	['bʉrxər·'ɔrlɔx]
perfidamente	achterbaks	['axtərbaks]
declaração (f) de guerra	oorlogsverklaring (de)	['ɔrlɔxs·vər'klarɪŋ]
declarar (vt) guerra	verklaren	[vər'klarən]
agressão (f)	agressie (de)	[ax'rɛsi]
atacar (vt)	aanvallen	['ānvalən]
invadir (vt)	binnenvallen	['binənvalən]
invasor (m)	invaller (de)	['invalə]
conquistador (m)	veroveraar (de)	[və'rɔvərār]
defesa (f)	verdediging (de)	[vər'dedəxɪŋ]
defender (vt)	verdedigen	[vər'dedɪxən]
defender-se (vr)	zich verdedigen	[zih vər'dedɪxən]
inimigo (m)	vijand (de)	['vɛjant]
adversário (m)	tegenstander (de)	['texən·'standər]
inimigo	vijandelijk	[vɛ'jandələk]
estratégia (f)	strategie (de)	[stratə'xi]
tática (f)	tactiek (de)	[tak'tik]
ordem (f)	order (de)	['ɔrdər]
comando (m)	bevel (het)	[bə'vɛl]
ordenar (vt)	bevelen	[bə'velən]
missão (f)	opdracht (de)	['ɔpdraxt]
secreto	geheim	[xə'hɛjm]
batalha (f)	slag (de)	[slax]
batalha (f)	veldslag (de)	['vɛlt·slax]
combate (m)	strijd (de)	[strɛjt]
ataque (m)	aanval (de)	['ānval]
assalto (m)	bestorming (de)	[bə'stɔrmɪŋ]
assaltar (vt)	bestormen	[bə'stɔrmən]
assédio, sítio (m)	bezetting (de)	[bə'zɛtɪŋ]
ofensiva (f)	aanval (de)	['ānval]
passar à ofensiva	in het offensief te gaan	[in ət ɔfɛn'sif te xān]
retirada (f)	terugtrekking (de)	[te'rʉx·trɛkɪŋ]
retirar-se (vr)	zich terugtrekken	[zih tə'rʉxtrɛkən]
cerco (m)	omsingeling (de)	[ɔm'sɪŋəlɪŋ]
cercar (vt)	omsingelen	[ɔm'sɪŋələn]
bombardeio (m)	bombardement (het)	[bɔmbardə'mɛnt]
lançar uma bomba	een bom gooien	[en bɔm 'xōjən]
bombardear (vt)	bombarderen	[bɔmbar'derən]
explosão (f)	ontploffing (de)	[ɔnt'plɔfɪŋ]
tiro (m)	schot (het)	[sxɔt]
disparar um tiro	een schot lossen	[en sxɔt 'lɔsən]
tiroteio (m)	schieten (het)	['sxitən]
apontar para ...	mikken op	['mikən ɔp]
apontar (vt)	aanleggen	['ānlɛxən]

acertar (vt)	treffen	['trefən]
afundar (um navio)	zinken	['zinkən]
brecha (f)	kogelgat (het)	['kɔxəlxat]
afundar-se (vr)	zinken	['zinkən]

frente (m)	front (het)	[frɔnt]
evacuação (f)	evacuatie (de)	[ɛvakʉ'atsi]
evacuar (vt)	evacueren	[ɛvakʉ'erən]

trincheira (f)	loopgraaf (de)	['lōpxrāf]
arame (m) farpado	prikkeldraad (de)	['prikəl·drāt]
obstáculo (m) anticarro	verdedigingsobstakel (het)	[vər'dedəhiŋ·ɔp'stakəl]
torre (f) de vigia	wachttoren (de)	['waxt·torən]

hospital (m)	hospitaal (het)	['hɔspitāl]
ferir (vt)	verwonden	[vər'wɔndən]
ferida (f)	wond (de)	[wɔnt]
ferido (m)	gewonde (de)	[xə'wɔndə]
ficar ferido	gewond raken	[xə'wɔnt 'rakən]
grave (ferida ~)	ernstig	['ɛrnstəx]

113. Guerra. Ações militares. Parte 2

cativeiro (m)	krijgsgevangenschap (de)	['krɛjxs·xə'vaŋənsxap]
capturar (vt)	krijgsgevangen nemen	['krɛjxs·xə'vaŋən 'nemən]
estar em cativeiro	krijgsgevangene zijn	['krɛjxs·xə'vaŋənə zɛjn]
ser aprisionado	krijgsgevangen genomen worden	['krɛjxs·xə'vaŋən xə'nɔmən 'wɔrdən]

campo (m) de concentração	concentratiekamp (het)	[kɔnsən'tratsi·kamp]
prisioneiro (m) de guerra	krijgsgevangene (de)	['krɛjxs·xə'vaŋənə]
escapar (vi)	vluchten	['vlʉxtən]

trair (vt)	verraden	[və'radən]
traidor (m)	verrader (de)	[və'radər]
traição (f)	verraad (het)	[və'rāt]

| fuzilar, executar (vt) | fusilleren | [fʉzi'jerən] |
| fuzilamento (m) | executie (de) | [ɛkse'kʉtsi] |

equipamento (m)	uitrusting (de)	['œytrystiŋ]
platina (f)	schouderstuk (het)	['sxaudər·'stʉk]
máscara (f) antigás	gasmasker (het)	[xas·'maskər]

rádio (m)	portofoon (de)	[pɔrtɔ'fōn]
cifra (f), código (m)	geheime code (de)	[xə'hɛjmə 'kɔdə]
conspiração (f)	samenzwering (de)	['samənzweriŋ]
senha (f)	wachtwoord (het)	['waxt·wōrt]

mina (f)	mijn (de)	[mɛjn]
minar (vt)	ondermijnen	['ɔndər'mɛjnən]
campo (m) minado	mijnenveld (het)	['mɛjnən·vɛlt]
alarme (m) aéreo	luchtalarm (het)	['lʉxt·a'larm]
alarme (m)	alarm (het)	[a'larm]

sinal (m)	signaal (het)	[si'njāl]
sinalizador (m)	vuurpijl (de)	['vūr·pɛjl]

estado-maior (m)	staf (de)	['staf]
reconhecimento (m)	verkenning (de)	[vər'keniŋ]
situação (f)	toestand (de)	['tustant]
relatório (m)	rapport (het)	[ra'pɔrt]
emboscada (f)	hinderlaag (de)	['hindər·lāx]
reforço (m)	versterking (de)	[vər'stɛrkiŋ]

alvo (m)	doel (het)	[dul]
campo (m) de tiro	proefterrein (het)	['pruf·te'rɛjn]
manobras (f pl)	manoeuvres	[ma'nøvrɛs]

pânico (m)	paniek (de)	[pa'nik]
devastação (f)	verwoesting (de)	[vər'wustiŋ]
ruínas (f pl)	verwoestingen	[vər'wustiŋən]
destruir (vt)	verwoesten	[vər'wustən]

sobreviver (vi)	overleven	[ɔvər'levən]
desarmar (vt)	ontwapenen	[ɔnt'wapənən]
manusear (vt)	behandelen	[bə'handələn]

Firmes!	Geeft acht!	[xēft 'aht]
Descansar!	Op de plaats rust!	[ɔp də plāts 'rʉst]

façanha (f)	heldendaad (de)	['hɛldən·dāt]
juramento (m)	eed (de)	[ēd]
jurar (vi)	zweren	['zwerən]

condecoração (f)	decoratie (de)	[dekɔ'ratsi]
condecorar (vt)	onderscheiden	['ɔndər'sxɛjdən]
medalha (f)	medaille (de)	[me'dajə]
ordem (f)	orde (de)	['ɔrdə]

vitória (f)	overwinning (de)	[ɔvər'winiŋ]
derrota (f)	verlies (het)	[vər'lis]
armistício (m)	wapenstilstand (de)	['wapən·'stilstant]

bandeira (f)	wimpel (de)	['wimpəl]
glória (f)	roem (de)	[rum]
desfile (m) militar	parade (de)	[pa'radə]
marchar (vi)	marcheren	[mar'ʃerən]

114. Armas

arma (f)	wapens	['wapəns]
arma (f) de fogo	vuurwapens	[vūr·'wapəns]
arma (f) branca	koude wapens	['kaudə 'wapəns]

arma (f) química	chemische wapens	['hemisə 'wapəns]
nuclear	kern-, nucleair	[kɛrn], [nʉkle'er]
arma (f) nuclear	kernwapens	[kɛrn·'wapəns]
bomba (f)	bom (de)	[bɔm]

Português	Holandês	Pronúncia
bomba (f) atómica	atoombom (de)	[a'tōm·bɔm]
pistola (f)	pistool (het)	[pi'stōl]
caçadeira (f)	geweer (het)	[xə'wēr]
pistola-metralhadora (f)	machinepistool (het)	[ma'ʃinə·pis'tōl]
metralhadora (f)	machinegeweer (het)	[ma'ʃinə·xə'wēr]
boca (f)	loop (de)	[lōp]
cano (m)	loop (de)	[lōp]
calibre (m)	kaliber (het)	[ka'libər]
gatilho (m)	trekker (de)	['trɛkər]
mira (f)	korrel (de)	['kɔrəl]
carregador (m)	magazijn (het)	[maxa'zɛjn]
coronha (f)	geweerkolf (de)	[xə'wēr·kɔlf]
granada (f) de mão	granaat (de)	[xra'nāt]
explosivo (m)	explosieven	[ɛksplɔ'zivən]
bala (f)	kogel (de)	['kɔxəl]
cartucho (m)	patroon (de)	[pa'trōn]
carga (f)	lading (de)	['ladiŋ]
munições (f pl)	ammunitie (de)	[amʉ'nitsi]
bombardeiro (m)	bommenwerper (de)	['bɔmən·'wɛrpər]
avião (m) de caça	straaljager (de)	['strāl·'jaxər]
helicóptero (m)	helikopter (de)	[heli'kɔptər]
canhão (m) antiaéreo	afweergeschut (het)	['afwēr·xəsxʉt]
tanque (m)	tank (de)	[tank]
canhão (de um tanque)	kanon (het)	[ka'nɔn]
artilharia (f)	artillerie (de)	[artile'ri]
canhão (m)	kanon (het)	[ka'nɔn]
fazer a pontaria	aanleggen	['ānlexən]
obus (m)	projectiel (het)	[prɔjek'til]
granada (f) de morteiro	mortiergranaat (de)	[mɔr'tir·xra'nāt]
morteiro (m)	mortier (de)	[mɔr'tir]
estilhaço (m)	granaatscherf (de)	[xra'nāt·'sxerf]
submarino (m)	duikboot (de)	['dœʏk·bōt]
torpedo (m)	torpedo (de)	[tɔr'pedɔ]
míssil (m)	raket (de)	[ra'kɛt]
carregar (uma arma)	laden	['ladən]
atirar, disparar (vi)	schieten	['sxitən]
apontar para ...	richten op	['rixtən ɔp]
baioneta (f)	bajonet (de)	[bajo'nɛt]
espada (f)	degen (de)	['dexən]
sabre (m)	sabel (de)	['sabəl]
lança (f)	speer (de)	[spēr]
arco (m)	boog (de)	[bōx]
flecha (f)	pijl (de)	[pɛjl]
mosquete (m)	musket (de)	[mʉs'kɛt]
besta (f)	kruisboog (de)	['krœʏs·bōx]

115. Povos da antiguidade

primitivo	primitief	[primi'tif]
pré-histórico	voorhistorisch	['vōrhis'tɔris]
antigo	eeuwenoude	[ēwə'naudə]
Idade (f) da Pedra	Steentijd (de)	['stēn·tɛjt]
Idade (f) do Bronze	Bronstijd (de)	['brɔns·tɛjt]
período (m) glacial	IJstijd (de)	['ɛjs·tɛjt]
tribo (f)	stam (de)	[stam]
canibal (m)	menseneter (de)	['mɛnsən·'ɛtər]
caçador (m)	jager (de)	['jaxər]
caçar (vi)	jagen	['jaxən]
mamute (m)	mammoet (de)	[ma'mut]
caverna (f)	grot (de)	[xrɔt]
fogo (m)	vuur (het)	[vūr]
fogueira (f)	kampvuur (het)	['kampvūr]
pintura (f) rupestre	rotstekening (de)	['rɔts·tekəniŋ]
ferramenta (f)	werkinstrument (het)	['wɛrk·instru'mɛnt]
lança (f)	speer (de)	[spēr]
machado (m) de pedra	stenen bijl (de)	['stenən bɛjl]
guerrear (vt)	oorlog voeren	['ōrlɔx 'vurən]
domesticar (vt)	temmen	['tɛmən]
ídolo (m)	idool (het)	[i'dōl]
adorar, venerar (vt)	aanbidden	[ām'bidən]
superstição (f)	bijgeloof (het)	['bɛjxəlōf]
ritual (m)	ritueel (het)	[ritu'ēl]
evolução (f)	evolutie (de)	[ɛvɔ'lʉtsi]
desenvolvimento (m)	ontwikkeling (de)	[ɔnt'wikəliŋ]
desaparecimento (m)	verdwijning (de)	[vərd'wɛjniŋ]
adaptar-se (vr)	zich aanpassen	[zix 'ānpasən]
arqueologia (f)	archeologie (de)	[arheɔlɔ'xi]
arqueólogo (m)	archeoloog (de)	[arheɔ'lōx]
arqueológico	archeologisch	[arheɔ'lɔxis]
local (m) das escavações	opgravingsplaats (de)	['ɔpxraviŋs·plāts]
escavações (f pl)	opgravingen	['ɔpxraviŋən]
achado (m)	vondst (de)	[vɔntst]
fragmento (m)	fragment (het)	[frax'mɛnt]

116. Idade média

povo (m)	volk (het)	[vɔlk]
povos (m pl)	volkeren	['vɔlkərən]
tribo (f)	stam (de)	[stam]
tribos (f pl)	stammen	['stamən]
bárbaros (m pl)	barbaren	[bar'barən]

Portuguese	Dutch	IPA
gauleses (m pl)	Galliërs	['xaliərs]
godos (m pl)	Goten	['xɔtən]
eslavos (m pl)	Slaven	['slavən]
víquingues (m pl)	Vikings	['vikiŋs]
romanos (m pl)	Romeinen	[rɔ'mɛjnən]
romano	Romeins	[rɔ'mɛjns]
bizantinos (m pl)	Byzantijnen	[bizan'tɛjnən]
Bizâncio	Byzantium (het)	[bi'zantijum]
bizantino	Byzantijns	[bizan'tɛjns]
imperador (m)	keizer (de)	['kɛjzər]
líder (m)	opperhoofd (het)	['ɔpərhōft]
poderoso	machtig	['mahtəx]
rei (m)	koning (de)	['kɔniŋ]
governante (m)	heerser (de)	['hērsər]
cavaleiro (m)	ridder (de)	['ridər]
senhor feudal (m)	feodaal (de)	[feɔ'dāl]
feudal	feodaal	[feɔ'dāl]
vassalo (m)	vazal (de)	[va'zal]
duque (m)	hertog (de)	['hɛrtɔx]
conde (m)	graaf (de)	[xrāf]
barão (m)	baron (de)	[ba'rɔn]
bispo (m)	bisschop (de)	['bisxɔp]
armadura (f)	harnas (het)	['harnas]
escudo (m)	schild (het)	[sxilt]
espada (f)	zwaard (het)	[zwārt]
viseira (f)	vizier (het)	[vi'zir]
cota (f) de malha	maliënkolder (de)	['malien·'kɔldər]
cruzada (f)	kruistocht (de)	['krœys·tɔxt]
cruzado (m)	kruisvaarder (de)	['krœys·'vārdər]
território (m)	gebied (het)	[xə'bit]
atacar (vt)	aanvallen	['ānvalən]
conquistar (vt)	veroveren	[və'rɔvərən]
ocupar, invadir (vt)	innemen	['innemən]
assédio, sítio (m)	bezetting (de)	[bə'zɛtiŋ]
sitiado	belegerd	[bə'lexert]
assediar, sitiar (vt)	belegeren	[bə'lexerən]
inquisição (f)	inquisitie (de)	[inkvi'zitsi]
inquisidor (m)	inquisiteur (de)	[inkvizi'tør]
tortura (f)	foltering (de)	['foltəriŋ]
cruel	wreed	[wrēt]
herege (m)	ketter (de)	['kɛtər]
heresia (f)	ketterij (de)	[kɛtə'rɛj]
navegação (f) marítima	zeevaart (de)	['zē·vārt]
pirata (m)	piraat (de)	[pi'rāt]
pirataria (f)	piraterij (de)	[piratə'rɛj]

abordagem (f)	enteren (het)	['ɛntərən]
presa (f), butim (m)	buit (de)	['bœyt]
tesouros (m pl)	schatten	['sxatən]
descobrimento (m)	ontdekking (de)	[ɔn'dɛkiŋ]
descobrir (novas terras)	ontdekken	[ɔn'dɛkən]
expedição (f)	expeditie (de)	[ɛkspe'ditsi]
mosqueteiro (m)	musketier (de)	[mʉskə'tir]
cardeal (m)	kardinaal (de)	[kardi'nāl]
heráldica (f)	heraldiek (de)	[hɛral'dik]
heráldico	heraldisch	[hɛ'raldis]

117. Líder. Chefe. Autoridades

rei (m)	koning (de)	['kɔniŋ]
rainha (f)	koningin (de)	[kɔniŋ'in]
real	koninklijk	['kɔninklək]
reino (m)	koninkrijk (het)	['kɔninkrɛjk]
príncipe (m)	prins (de)	[prins]
princesa (f)	prinses (de)	[prin'sɛs]
presidente (m)	president (de)	[prezi'dɛnt]
vice-presidente (m)	vicepresident (de)	['visə·prezi'dɛnt]
senador (m)	senator (de)	[se'natɔr]
monarca (m)	monarch (de)	[mɔ'narx]
governante (m)	heerser (de)	['hērsər]
ditador (m)	dictator (de)	[dik'tatɔr]
tirano (m)	tiran (de)	[ti'ran]
magnata (m)	magnaat (de)	[max'nāt]
diretor (m)	directeur (de)	[dirɛk'tør]
chefe (m)	chef (de)	[ʃɛf]
dirigente (m)	beheerder (de)	[bə'hērdər]
patrão (m)	baas (de)	[bās]
dono (m)	eigenaar (de)	['ɛjxənār]
líder, chefe (m)	leider (de)	['lɛjdər]
chefe (~ de delegação)	hoofd (het)	[hōft]
autoridades (f pl)	autoriteiten	[autɔri'tɛjtən]
superiores (m pl)	superieuren	[sʉpə'rørən]
governador (m)	gouverneur (de)	[xuvɛr'nør]
cônsul (m)	consul (de)	['kɔnsʉl]
diplomata (m)	diplomaat (de)	[diplɔ'māt]
Presidente (m) da Câmara	burgemeester (de)	[bʉrxə·'mēstər]
xerife (m)	sheriff (de)	['ʃerif]
imperador (m)	keizer (de)	['kɛjzər]
czar (m)	tsaar (de)	[tsār]
faraó (m)	farao (de)	['faraɔ]
cã (m)	kan (de)	[kan]

118. Viloação da lei. Criminosos. Parte 1

bandido (m)	bandiet (de)	[ban'dit]
crime (m)	misdaad (de)	['misdāt]
criminoso (m)	misdadiger (de)	[mis'dadixər]

ladrão (m)	dief (de)	[dif]
roubar (vt)	stelen	['stelən]
furto (m)	stelen (de)	['stelən]
furto (m)	diefstal (de)	['difstal]

raptar (ex. ~ uma criança)	kidnappen	[kid'nɛpən]
rapto (m)	kidnapping (de)	[kid'nɛpiŋ]
raptor (m)	kidnapper (de)	[kid'nɛpər]

resgate (m)	losgeld (het)	['lɔshɛlt]
pedir resgate	eisen losgeld	['ɛjsən 'lɔshɛlt]

roubar (vt)	overvallen	[ɔvər'valən]
assalto, roubo (m)	overval (de)	[ɔvər'val]
assaltante (m)	overvaller (de)	[ɔvər'valər]

extorquir (vt)	afpersen	['afpɛrsən]
extorsionário (m)	afperser (de)	['afpɛrsər]
extorsão (f)	afpersing (de)	['afpɛrsiŋ]

matar, assassinar (vt)	vermoorden	[vər'mōrdən]
homicídio (m)	moord (de)	[mōrt]
homicida, assassino (m)	moordenaar (de)	['mōrdənār]

tiro (m)	schot (het)	[sxɔt]
dar um tiro	een schot lossen	[en sxɔt 'lɔsən]
matar a tiro	neerschieten	[nēr'sxitən]
atirar, disparar (vi)	schieten	['sxitən]
tiroteio (m)	schieten (het)	['sxitən]

incidente (m)	ongeluk (het)	['ɔnxəlʉk]
briga (~ de rua)	gevecht (het)	[xə'vɛht]
Socorro!	Help!	[hɛlp]
vítima (f)	slachtoffer (het)	['slaxtɔfər]

danificar (vt)	beschadigen	[bə'sxadəxən]
dano (m)	schade (de)	['sxadə]
cadáver (m)	lijk (het)	[lɛjk]
grave	zwaar	[zwār]

atacar (vt)	aanvallen	['ānvalən]
bater (espancar)	slaan	[slān]
espancar (vt)	in elkaar slaan	[in ɛl'kār slān]
tirar, roubar (dinheiro)	ontnemen	[ɔnt'nemən]
esfaquear (vt)	steken	['stekən]
mutilar (vt)	verminken	[vər'minkən]
ferir (vt)	verwonden	[vər'wɔndən]
chantagem (f)	chantage (de)	[ʃʌn'taʒə]
chantagear (vt)	chanteren	[ʃʌn'terən]

chantagista (m)	chanteur (de)	[ʃʌn'tør]
extorsão	afpersing (de)	['afpɛrsiŋ]
(em troca de proteção)		
extorsionário (m)	afperser (de)	['afpɛrsər]
gângster (m)	gangster (de)	['xɛŋstər]
máfia (f)	maffia (de)	['mafia]
carteirista (m)	kruimeldief (de)	['krœʏmɛldif]
assaltante, ladrão (m)	inbreker (de)	['inbrekər]
contrabando (m)	smokkelen (het)	['smɔkələn]
contrabandista (m)	smokkelaar (de)	['smɔkəlār]
falsificação (f)	namaak (de)	['namāk]
falsificar (vt)	namaken	['namakən]
falsificado	vals, namaak-	[vals], ['namāk]

119. Viloação da lei. Criminosos. Parte 2

violação (f)	verkrachting (de)	[vər'kraxtiŋ]
violar (vt)	verkrachten	[vər'kraxtən]
violador (m)	verkrachter (de)	[vər'kraxtər]
maníaco (m)	maniak (de)	[mani'ak]
prostituta (f)	prostituee (de)	[prɔstitʉ'ē]
prostituição (f)	prostitutie (de)	[prɔsti'tʉtsi]
chulo (m)	pooier (de)	['põjər]
toxicodependente (m)	drugsverslaafde (de)	['drʉks·vər'slāfdə]
traficante (m)	drugshandelaar (de)	['drʉks·'handəlār]
explodir (vt)	opblazen	['ɔpblazən]
explosão (f)	explosie (de)	[ɛks'plozi]
incendiar (vt)	in brand steken	[in brant 'stekən]
incendiário (m)	brandstichter (de)	['brant·stixtər]
terrorismo (m)	terrorisme (het)	[tɛrɔ'rismə]
terrorista (m)	terrorist (de)	[tɛrɔ'rist]
refém (m)	gijzelaar (de)	['xɛjzəlār]
enganar (vt)	bedriegen	[bə'drixən]
engano (m)	bedrog (het)	[bə'drɔx]
vigarista (m)	oplichter (de)	['ɔplixtər]
subornar (vt)	omkopen	[ɔmkɔpən]
suborno (atividade)	omkoperij (de)	[ɔmkɔpərɛj]
suborno (dinheiro)	smeergeld (het)	['smēr·xɛlt]
veneno (m)	vergif (het)	[vər'xif]
envenenar (vt)	vergiftigen	[vər'xiftixən]
envenenar-se (vr)	vergif innemen	[vər'xif 'innemən]
suicídio (m)	zelfmoord (de)	['zɛlf·mōrt]
suicida (m)	zelfmoordenaar (de)	['zɛlf·mōrdə'nār]
ameaçar (vt)	bedreigen	[bə'drɛjxən]

ameaça (f)	bedreiging (de)	[bə'drɛjxiŋ]
atentar contra a vida de …	een aanslag plegen	[ən 'ānslax 'plexən]
atentado (m)	aanslag (de)	['ānslax]
roubar (o carro)	stelen	['stelən]
desviar (o avião)	kapen	['kapən]
vingança (f)	wraak (de)	[wrāk]
vingar (vt)	wreken	['wrekən]
torturar (vt)	martelen	['martələn]
tortura (f)	foltering (de)	['foltəriŋ]
atormentar (vt)	folteren	['foltərən]
pirata (m)	piraat (de)	[pi'rāt]
desordeiro (m)	straatschender (de)	['strāt·sxəndə]
armado	gewapend	[xə'wapənt]
violência (f)	geweld (het)	[xə'wɛlt]
ilegal	onwettig	[ɔn'wɛtəx]
espionagem (f)	spionage (de)	[spijo'naʒə]
espionar (vi)	spioneren	[spijo'nerən]

120. Polícia. Lei. Parte 1

justiça (f)	justitie (de)	[jus'titsi]
tribunal (m)	gerechtshof (het)	[xe'rɛhtshɔf]
juiz (m)	rechter (de)	['rɛxtər]
jurados (m pl)	jury (de)	['ʒʉri]
tribunal (m) do júri	juryrechtspraak (de)	['ʒʉri·'rɛxtsprāk]
julgar (vt)	berechten	[bə'rɛxtən]
advogado (m)	advocaat (de)	[atvɔ'kāt]
réu (m)	beklaagde (de)	[bə'klāxdə]
banco (m) dos réus	beklaagdenbank (de)	[bə'klāxdən·bank]
acusação (f)	beschuldiging (de)	[bə'sxʉldəxiŋ]
acusado (m)	beschuldigde (de)	[bə'sxʉldəxdə]
sentença (f)	vonnis (het)	['vɔnis]
sentenciar (vt)	veroordelen	[və'rōrdələn]
culpado (m)	schuldige (de)	['sxʉldixə]
punir (vt)	straffen	['strafən]
punição (f)	bestraffing (de)	[bə'strafiŋ]
multa (f)	boete (de)	['butə]
prisão (f) perpétua	levenslange opsluiting (de)	['levənslaŋə 'ɔpslœytiŋ]
pena (f) de morte	doodstraf (de)	['dōd·straf]
cadeira (f) elétrica	elektrische stoel (de)	[ɛ'lɛktrisə stul]
forca (f)	schavot (het)	[sxa'vɔt]
executar (vt)	executeren	[ɛksekʉ'terən]
execução (f)	executie (de)	[ɛkse'kʉtsi]

| prisão (f) | gevangenis (de) | [xə'vaŋənis] |
| cela (f) de prisão | cel (de) | [sɛl] |

escolta (f)	konvooi (het)	[kɔn'vōj]
guarda (m) prisional	gevangenisbewaker (de)	[xə'vaŋənis·bə'wakər]
preso (m)	gedetineerde (de)	[xədeti'nērdə]

| algemas (f pl) | handboeien | ['hant·bujən] |
| algemar (vt) | handboeien omdoen | ['hantbujən 'ɔmdun] |

fuga, evasão (f)	ontsnapping (de)	[ɔnt'snapiŋ]
fugir (vi)	ontsnappen	[ɔnt'snapən]
desaparecer (vi)	verdwijnen	[vərd'wɛjnən]
soltar, libertar (vt)	vrijlaten	['vrɛjlatən]
amnistia (f)	amnestie (de)	[amnɛs'ti]

polícia (instituição)	politie (de)	[pɔ'litsi]
polícia (m)	politieagent (de)	[pɔ'litsi·a'xɛnt]
esquadra (f) de polícia	politiebureau (het)	[pɔ'litsi·bʉ'rɔ]
cassetete (m)	knuppel	['knʉpəl]
megafone (m)	megafoon (de)	[mexa'fōn]

carro (m) de patrulha	patrouilleerwagen (de)	[patru'jēr·'waxən]
sirene (f)	sirene (de)	[si'renə]
ligar a sirene	de sirene aansteken	[də si'renə 'ānstekən]
toque (m) da sirene	geloei (het) van de sirene	[xə'lui van də si'renə]

cena (f) do crime	plaats delict (de)	[plāts dɛ'likt]
testemunha (f)	getuige (de)	[xə'tœyxə]
liberdade (f)	vrijheid (de)	['vrɛjhɛjt]
cúmplice (m)	handlanger (de)	['hantlaŋər]
escapar (vi)	ontvluchten	[ɔn'flʉxtən]
traço (não deixar ~s)	spoor (het)	[spōr]

121. Polícia. Lei. Parte 2

procura (f)	opsporing (de)	['ɔpspɔriŋ]
procurar (vt)	opsporen	['ɔpspɔrən]
suspeita (f)	verdenking (de)	[vər'dɛnkiŋ]
suspeito	verdacht	[vər'daxt]
parar (vt)	aanhouden	['ānhaudən]
deter (vt)	tegenhouden	['texən·'haudən]

caso (criminal)	strafzaak (de)	['straf·zāk]
investigação (f)	onderzoek (het)	['ɔndərzuk]
detetive (m)	detective (de)	[de'tɛktif]
investigador (m)	onderzoeksrechter (de)	['ɔndərzuks 'rɛxtər]
versão (f)	versie (de)	['vɛrsi]

motivo (m)	motief (het)	[mɔ'tif]
interrogatório (m)	verhoor (het)	[vər'hōr]
interrogar (vt)	ondervragen	['ɔndər'vraxən]
questionar (vt)	ondervragen	['ɔndər'vraxən]
verificação (f)	controle (de)	[kɔn'trɔlə]

Portuguese	Dutch	Pronunciation
batida (f) policial	razzia (de)	['razia]
busca (f)	huiszoeking (de)	['hœys·'zukiŋ]
perseguição (f)	achtervolging (de)	['axtərvɔlxiŋ]
perseguir (vt)	achtervolgen	['axtərvɔlxən]
seguir (vt)	opsporen	['ɔpspɔrən]
prisão (f)	arrest (het)	[a'rɛst]
prender (vt)	arresteren	[arɛ'sterən]
pegar, capturar (vt)	vangen, aanhouden	['vaŋən], [ān'haudən]
captura (f)	aanhouding (de)	['ānhaudiŋ]
documento (m)	document (het)	[dɔkʉ'mɛnt]
prova (f)	bewijs (het)	[bə'wɛjs]
provar (vt)	bewijzen	[bə'wɛjzən]
pegada (f)	voetspoor (het)	['vutspōr]
impressões (f pl) digitais	vingerafdrukken	['viŋər·'afdrʉkən]
prova (f)	bewijs (het)	[bə'wɛjs]
álibi (m)	alibi (het)	['alibi]
inocente	onschuldig	[ɔn'sxʉldəx]
injustiça (f)	onrecht (het)	['ɔnrɛxt]
injusto	onrechtvaardig	['ɔnrɛxt 'vārdəx]
criminal	crimineel	[krimi'nēl]
confiscar (vt)	confisqueren	[kɔnfi'skerən]
droga (f)	drug (de)	[drʉx]
arma (f)	wapen (het)	['wapən]
desarmar (vt)	ontwapenen	[ɔnt'wapənən]
ordenar (vt)	bevelen	[bə'velən]
desaparecer (vi)	verdwijnen	[vərd'wɛjnən]
lei (f)	wet (de)	[wɛt]
legal	wettelijk	['wɛtələk]
ilegal	onwettelijk	[ɔn'wɛtələk]
responsabilidade (f)	verantwoordelijkheid (de)	[vərant·'wōrdələk 'hɛjt]
responsável	verantwoordelijk	[vərant·'wōrdələk]

NATUREZA

A Terra. Parte 1

122. Espaço sideral

cosmos (m)	kosmos (de)	['kɔsmɔs]
cósmico	kosmisch	['kɔsmis]
espaço (m) cósmico	kosmische ruimte (de)	['kɔsmisə 'rœʏmtə]
mundo (m)	wereld (de)	['wereǝlt]
universo (m)	heelal (het)	[hē'lal]
galáxia (f)	sterrenstelsel (het)	['stɛrən·'stɛlsəl]
estrela (f)	ster (de)	[stɛr]
constelação (f)	sterrenbeeld (het)	['stɛrən·bēlt]
planeta (m)	planeet (de)	[pla'nēt]
satélite (m)	satelliet (de)	[satə'lit]
meteorito (m)	meteoriet (de)	[meteɔ'rit]
cometa (m)	komeet (de)	[kɔ'mēt]
asteroide (m)	asteroïde (de)	[aste'rɔidə]
órbita (f)	baan (de)	[bān]
girar (vi)	draaien	['drājən]
atmosfera (f)	atmosfeer (de)	[atmɔ'sfēr]
Sol (m)	Zon (de)	[zɔn]
Sistema (m) Solar	zonnestelsel (het)	['zɔnə·stɛlsəl]
eclipse (m) solar	zonsverduistering (de)	['zɔns·vər'dœʏsteriŋ]
Terra (f)	Aarde (de)	['ārdə]
Lua (f)	Maan (de)	[mān]
Marte (m)	Mars (de)	[mars]
Vénus (f)	Venus (de)	['venʉs]
Júpiter (m)	Jupiter (de)	[jupi'tɛr]
Saturno (m)	Saturnus (de)	[sa'tʉrnʉs]
Mercúrio (m)	Mercurius (de)	[mər'kʉrijʉs]
Urano (m)	Uranus (de)	[u'ranʉs]
Neptuno (m)	Neptunus (de)	[nep'tʉnʉs]
Plutão (m)	Pluto (de)	['plʉtɔ]
Via Láctea (f)	Melkweg (de)	['mɛlk·wɛx]
Ursa Maior (f)	Grote Beer (de)	['xrɔtə bēr]
Estrela Polar (f)	Poolster (de)	['pōlstər]
marciano (m)	marsmannetje (het)	['mars·'manɛtʃə]
extraterrestre (m)	buitenaards wezen (het)	['bœʏtən·ārts 'wezən]

alienígena (m)	bovenaards (het)	['bovən·ārts]
disco (m) voador	vliegende schotel (de)	['vlixəndə 'sxɔtəl]
nave (f) espacial	ruimtevaartuig (het)	['rœymtə·'vārtœyx]
estação (f) orbital	ruimtestation (het)	['rœymtə·sta'tsjɔn]
lançamento (m)	start (de)	[start]
motor (m)	motor (de)	['mɔtɔr]
bocal (m)	straalpijp (de)	['strāl·pɛjp]
combustível (m)	brandstof (de)	['brandstɔf]
cabine (f)	cabine (de)	[ka'binə]
antena (f)	antenne (de)	[an'tɛnə]
vigia (f)	patrijspoort (de)	[pa'trɛjs·pōrt]
bateria (f) solar	zonnebatterij (de)	['zɔnə·batə'rɛj]
traje (m) espacial	ruimtepak (het)	['rœymtə·pak]
imponderabilidade (f)	gewichtloosheid (de)	[xə'wixtlō'shɛjt]
oxigénio (m)	zuurstof (de)	['zūrstɔf]
acoplagem (f)	koppeling (de)	['kɔpəliŋ]
fazer uma acoplagem	koppeling maken	['kɔpəliŋ 'makən]
observatório (m)	observatorium (het)	[ɔbsərva'tɔrijum]
telescópio (m)	telescoop (de)	[telə'skōp]
observar (vt)	waarnemen	['wārnemən]
explorar (vt)	exploreren	[ɛksplɔ'rerən]

123. A Terra

Terra (f)	Aarde (de)	['ārdə]
globo terrestre (Terra)	aardbol (de)	['ārd·bɔl]
planeta (m)	planeet (de)	[pla'nēt]
atmosfera (f)	atmosfeer (de)	[atmɔ'sfēr]
geografia (f)	aardrijkskunde (de)	['ārdrɛjkskʉndə]
natureza (f)	natuur (de)	[na'tūr]
globo (mapa esférico)	wereldbol (de)	['werəld·bɔl]
mapa (m)	kaart (de)	[kārt]
atlas (m)	atlas (de)	['atlas]
Europa (f)	Europa (het)	[ø'rɔpa]
Ásia (f)	Azië (het)	['āzijə]
África (f)	Afrika (het)	['afrika]
Austrália (f)	Australië (het)	[ɔu'straliə]
América (f)	Amerika (het)	[a'merika]
América (f) do Norte	Noord-Amerika (het)	[nōrd-a'merika]
América (f) do Sul	Zuid-Amerika (het)	['zœyd-a'merika]
Antártida (f)	Antarctica (het)	[an'tarktika]
Ártico (m)	Arctis (de)	['arktis]

124. Pontos cardeais

norte (m)	noorden (het)	['nɔ̃rdən]
para norte	naar het noorden	[nãr ət 'nɔ̃rdən]
no norte	in het noorden	[in ət 'nɔ̃rdən]
do norte	noordelijk	['nɔ̃rdələk]
sul (m)	zuiden (het)	['zœydən]
para sul	naar het zuiden	[nãr ət zœydən]
no sul	in het zuiden	[in ət 'zœydən]
do sul	zuidelijk	['zœydələk]
oeste, ocidente (m)	westen (het)	['wɛstən]
para oeste	naar het westen	[nãr ət 'wɛstən]
no oeste	in het westen	[in ət 'wɛstən]
ocidental	westelijk	['wɛstələk]
leste, oriente (m)	oosten (het)	['ɔ̃stən]
para leste	naar het oosten	[nãr ət 'ɔ̃stən]
no leste	in het oosten	[in ət 'ɔ̃stən]
oriental	oostelijk	['ɔ̃stələk]

125. Mar. Oceano

mar (m)	zee (de)	[zẽ]
oceano (m)	oceaan (de)	[ɔse'ãn]
golfo (m)	golf (de)	[xɔlf]
estreito (m)	straat (de)	[strãt]
terra (f) firme	grond (de)	['xrɔnt]
continente (m)	continent (het)	[kɔnti'nɛnt]
ilha (f)	eiland (het)	['ɛjlant]
península (f)	schiereiland (het)	['sxir·ɛjlant]
arquipélago (m)	archipel (de)	[arxipɛl]
baía (f)	baai, bocht (de)	[bãj], [bɔxt]
porto (m)	haven (de)	['havən]
lagoa (f)	lagune (de)	[la'xʉnə]
cabo (m)	kaap (de)	[kãp]
atol (m)	atol (de)	[a'tɔl]
recife (m)	rif (het)	[rif]
coral (m)	koraal (het)	[kɔ'rãl]
recife (m) de coral	koraalrif (het)	[kɔ'rãl·rif]
profundo	diep	[dip]
profundidade (f)	diepte (de)	['diptə]
abismo (m)	diepzee (de)	[dip·zẽ]
fossa (f) oceânica	trog (de)	[trɔx]
corrente (f)	stroming (de)	['strɔmiŋ]
banhar (vt)	omspoelen	['ɔmspulən]
litoral (m)	oever (de)	['uvər]

costa (f)	kust (de)	[kʉst]
maré (f) alta	vloed (de)	['vlut]
refluxo (m), maré (f) baixa	eb (de)	[ɛb]
restinga (f)	ondiepte (de)	[ɔn'diptə]
fundo (m)	bodem (de)	['bɔdəm]
onda (f)	golf (de)	[xɔlf]
crista (f) da onda	golfkam (de)	['xɔlfkam]
espuma (f)	schuim (het)	['sxœʏm]
tempestade (f)	storm (de)	[stɔrm]
furacão (m)	orkaan (de)	[ɔr'kān]
tsunami (m)	tsunami (de)	[tsʉ'nami]
calmaria (f)	windstilte (de)	['wind·stiltə]
calmo	kalm	[kalm]
polo (m)	pool (de)	[pōl]
polar	polair	[pɔ'lɛr]
latitude (f)	breedtegraad (de)	['brētə·xrāt]
longitude (f)	lengtegraad (de)	['lɛŋtə·xrāt]
paralela (f)	parallel (de)	[para'lɛl]
equador (m)	evenaar (de)	['ɛvənār]
céu (m)	hemel (de)	['heməl]
horizonte (m)	horizon (de)	['hɔrizɔn]
ar (m)	lucht (de)	[lʉxt]
farol (m)	vuurtoren (de)	['vūr·tɔrən]
mergulhar (vi)	duiken	['dœʏkən]
afundar-se (vr)	zinken	['zinkən]
tesouros (m pl)	schatten	['sxatən]

126. Nomes de Mares e Oceanos

Oceano (m) Atlântico	Atlantische Oceaan (de)	[at'lantisə ɔse'ān]
Oceano (m) Índico	Indische Oceaan (de)	['indisə ɔse'ān]
Oceano (m) Pacífico	Stille Oceaan (de)	['stilə ɔse'ān]
Oceano (m) Ártico	Noordelijke IJszee (de)	['nōrdələkə 'ɛjs·zē]
Mar (m) Negro	Zwarte Zee (de)	['zwartə zē]
Mar (m) Vermelho	Rode Zee (de)	['rodə zē]
Mar (m) Amarelo	Gele Zee (de)	['xelə zē]
Mar (m) Branco	Witte Zee (de)	['witə zē]
Mar (m) Cáspio	Kaspische Zee (de)	['kaspisə zē]
Mar (m) Morto	Dode Zee (de)	['dodə zē]
Mar (m) Mediterrâneo	Middellandse Zee (de)	['midəlandsə zē]
Mar (m) Egeu	Egeïsche Zee (de)	[ɛ'xejsə zē]
Mar (m) Adriático	Adriatische Zee (de)	[adri'atisə zē]
Mar (m) Arábico	Arabische Zee (de)	[a'rabisə zē]
Mar (m) do Japão	Japanse Zee (de)	[ja'pansə zē]

Mar (m) de Bering	Beringzee (de)	['beriŋ·zē]
Mar (m) da China Meridional	Zuid-Chinese Zee (de)	['zœyd-ʃi'nesə zē]
Mar (m) de Coral	Koraalzee (de)	[kɔ'rāl·zē]
Mar (m) de Tasman	Tasmanzee (de)	['tasman·zē]
Mar (m) do Caribe	Caribische Zee (de)	[ka'ribisə zē]
Mar (m) de Barents	Barentszzee (de)	['barənts·zē]
Mar (m) de Kara	Karische Zee (de)	['karisə zē]
Mar (m) do Norte	Noordzee (de)	['nōrd·zē]
Mar (m) Báltico	Baltische Zee (de)	['baltisə zē]
Mar (m) da Noruega	Noorse Zee (de)	['nōrsə zē]

127. Montanhas

montanha (f)	berg (de)	[bɛrx]
cordilheira (f)	bergketen (de)	['bɛrx·'ketən]
serra (f)	gebergte (het)	[xə'bɛrxtə]
cume (m)	bergtop (de)	['bɛrx·tɔp]
pico (m)	bergpiek (de)	['bɛrx·pik]
sopé (m)	voet (de)	[vut]
declive (m)	helling (de)	['heliŋ]
vulcão (m)	vulkaan (de)	[vʉl'kān]
vulcão (m) ativo	actieve vulkaan (de)	[ak'tivə vʉl'kān]
vulcão (m) extinto	uitgedoofde vulkaan (de)	['œytxədōfdə vyl'kān]
erupção (f)	uitbarsting (de)	['œytbarstiŋ]
cratera (f)	krater (de)	['kratər]
magma (m)	magma (het)	['maxma]
lava (f)	lava (de)	['lava]
fundido (lava ~a)	gloeiend	['xlʉjənt]
desfiladeiro (m)	kloof (de)	[klōf]
garganta (f)	bergkloof (de)	['bɛrx·klōf]
fenda (f)	spleet (de)	[splet]
precipício (m)	afgrond (de)	['afxrɔnt]
passo, colo (m)	bergpas (de)	['bɛrx·pas]
planalto (m)	plateau (het)	[pla'tɔ]
falésia (f)	klip (de)	[klip]
colina (f)	heuvel (de)	['høvəl]
glaciar (m)	gletsjer (de)	['xletʃər]
queda (f) d'água	waterval (de)	['watər·val]
géiser (m)	geiser (de)	['xɛjzər]
lago (m)	meer (het)	[mēr]
planície (f)	vlakte (de)	['vlaktə]
paisagem (f)	landschap (het)	['landsxap]
eco (m)	echo (de)	['ɛxɔ]
alpinista (m)	alpinist (de)	[alpi'nist]

escalador (m)	bergbeklimmer (de)	['bɛrx·bə'klimər]
conquistar (vt)	trotseren	[trɔ'tserən]
subida, escalada (f)	beklimming (de)	[bə'klimiŋ]

128. Nomes de montanhas

Alpes (m pl)	Alpen (de)	['alpən]
monte Branco (m)	Mont Blanc (de)	[mɔn blan]
Pirineus (m pl)	Pyreneeën (de)	[pirə'nēən]
Cárpatos (m pl)	Karpaten (de)	[kar'patən]
montes (m pl) Urais	Oeralgebergte (het)	[ural·xə'bɛrxtə]
Cáucaso (m)	Kaukasus (de)	[kau'kazʉs]
Elbrus (m)	Elbroes (de)	[ɛlb'rus]
Altai (m)	Altaj (de)	[al'taj]
Tian Shan (m)	Tiensjan (de)	[ti'enɕan]
Pamir (m)	Pamir (de)	[pa'mir]
Himalaias (m pl)	Himalaya (de)	[hima'laja]
monte (m) Everest	Everest (de)	['ɛverɛst]
Cordilheira (f) dos Andes	Andes (de)	['andɛs]
Kilimanjaro (m)	Kilimanjaro (de)	[kiliman'dʒarɔ]

129. Rios

rio (m)	rivier (de)	[ri'vir]
fonte, nascente (f)	bron (de)	[brɔn]
leito (m) do rio	rivierbedding (de)	[ri'vir·'bɛdiŋ]
bacia (f)	rivierbekken (het)	[ri'vir·'bɛkən]
desaguar no …	uitmonden in …	['œʏtmɔndən in]
afluente (m)	zijrivier (de)	[zɛj·ri'vir]
margem (do rio)	oever (de)	['uvər]
corrente (f)	stroming (de)	['strɔmiŋ]
rio abaixo	stroomafwaarts	[strōm·'afwãrts]
rio acima	stroomopwaarts	[strōm·'ɔpwãrts]
inundação (f)	overstroming (de)	[ɔvər'strɔmiŋ]
cheia (f)	overstroming (de)	[ɔvər'strɔmiŋ]
transbordar (vi)	buiten zijn oevers treden	['bœʏtən zɛjn 'uvərs 'trɛdən]
inundar (vt)	overstromen	[ɔvər'strɔmən]
banco (m) de areia	zandbank (de)	['zant·bank]
rápidos (m pl)	stroomversnelling (de)	[strōm·vər'sneliŋ]
barragem (f)	dam (de)	[dam]
canal (m)	kanaal (het)	[ka'nāl]
reservatório (m) de água	spaarbekken (het)	['spãr·bɛkən]
eclusa (f)	sluis (de)	['slœʏs]
corpo (m) de água	waterlichaam (het)	['watər·'lixām]

pântano (m)	moeras (het)	[mu'ras]
tremedal (m)	broek (het)	[bruk]
remoinho (m)	draaikolk (de)	['drāj·kɔlk]
arroio, regato (m)	stroom (de)	[strōm]
potável	drink-	[drink]
doce (água)	zoet	[zut]
gelo (m)	ijs (het)	[ɛjs]
congelar-se (vr)	bevriezen	[bə'vrizən]

130. Nomes de rios

rio Sena (m)	Seine (de)	['sɛjnə]
rio Loire (m)	Loire (de)	[lu'arə]
rio Tamisa (m)	Theems (de)	['tɛjms]
rio Reno (m)	Rijn (de)	['rɛjn]
rio Danúbio (m)	Donau (de)	['dɔnau]
rio Volga (m)	Wolga (de)	['wɔlxa]
rio Don (m)	Don (de)	[dɔn]
rio Lena (m)	Lena (de)	['lena]
rio Amarelo (m)	Gele Rivier (de)	['xelə ri'vir]
rio Yangtzé (m)	Blauwe Rivier (de)	['blauə ri'vir]
rio Mekong (m)	Mekong (de)	[me'kɔŋ]
rio Ganges (m)	Ganges (de)	['xaŋəs]
rio Nilo (m)	Nijl (de)	['nɛjl]
rio Congo (m)	Kongo (de)	['kɔnxɔ]
rio Cubango (m)	Okavango (de)	[ɔka'vanxɔ]
rio Zambeze (m)	Zambezi (de)	[zam'bezi]
rio Limpopo (m)	Limpopo (de)	[lim'pɔpɔ]
rio Mississípi (m)	Mississippi (de)	[misi'sipi]

131. Floresta

floresta (f), bosque (m)	bos (het)	[bɔs]
florestal	bos-	[bɔs]
mata (f) cerrada	oerwoud (het)	['urwaut]
arvoredo (m)	bosje (het)	['bɔɕə]
clareira (f)	open plek (de)	['ɔpən plek]
matagal (m)	struikgewas (het)	['strœyk·xə'was]
mato (m)	struiken	['strœykən]
vereda (f)	paadje (het)	['pādjə]
ravina (f)	ravijn (het)	[ra'vɛjn]
árvore (f)	boom (de)	[bōm]
folha (f)	blad (het)	[blat]

folhagem (f)	gebladerte (het)	[xə'bladərtə]
queda (f) das folhas	vallende bladeren	['valəndə 'bladərən]
cair (vi)	vallen	['valən]
topo (m)	boomtop (de)	['bōm·tɔp]

ramo (m)	tak (de)	[tak]
galho (m)	ent (de)	[ɛnt]
botão, rebento (m)	knop (de)	[knɔp]
agulha (f)	naald (de)	[nālt]
pinha (f)	dennenappel (de)	['dɛnən·'apəl]

buraco (m) de árvore	boom holte (de)	[bōm 'hɔltə]
ninho (m)	nest (het)	[nɛst]
toca (f)	hol (het)	[hɔl]

tronco (m)	stam (de)	[stam]
raiz (f)	wortel (de)	['wɔrtəl]
casca (f) de árvore	schors (de)	[sxɔrs]
musgo (m)	mos (het)	[mɔs]

arrancar pela raiz	ontwortelen	[ɔnt'wɔrtələn]
cortar (vt)	kappen	['kapən]
desflorestar (vt)	ontbossen	[ɔn'bɔsən]
toco, cepo (m)	stronk (de)	[strɔnk]

fogueira (f)	kampvuur (het)	['kampvūr]
incêndio (m) florestal	bosbrand (de)	['bɔs·brant]
apagar (vt)	blussen	['blʉsən]

guarda-florestal (m)	boswachter (de)	[bɔs·'waxtər]
proteção (f)	bescherming (de)	[bə'sxɛrmiŋ]
proteger (a natureza)	beschermen	[bə'sxɛrmən]
caçador (m) furtivo	stroper (de)	['strɔpər]
armadilha (f)	val (de)	[val]

colher (cogumelos, bagas)	plukken	['plʉkən]
perder-se (vr)	verdwalen (de weg kwijt zijn)	[vərd'walən]

132. Recursos naturais

recursos (m pl) naturais	natuurlijke rijkdommen	[na'tūrləkə 'rɛjkdɔmən]
minerais (m pl)	delfstoffen	['dɛlfstɔfən]
depósitos (m pl)	lagen	['laxən]
jazida (f)	veld (het)	[vɛlt]

extrair (vt)	winnen	['winən]
extração (f)	winning (de)	['winiŋ]
minério (m)	erts (het)	[ɛrts]
mina (f)	mijn (de)	[mɛjn]
poço (m) de mina	mijnschacht (de)	['mɛjn·sxaxt]
mineiro (m)	mijnwerker (de)	['mɛjn·wɛrkər]
gás (m)	gas (het)	[xas]
gasoduto (m)	gasleiding (de)	[xas·'lɛjdiŋ]

petróleo (m)	olie (de)	['ɔli]
oleoduto (m)	olieleiding (de)	['ɔli·'lɛjdiŋ]
poço (m) de petróleo	oliebron (de)	['ɔli·brɔn]
torre (f) petrolífera	boortoren (de)	[bōr·'tɔrən]
petroleiro (m)	tanker (de)	['tankər]

areia (f)	zand (het)	[zant]
calcário (m)	kalksteen (de)	['kalkstēn]
cascalho (m)	grind (het)	[xrint]
turfa (f)	veen (het)	[vēn]
argila (f)	klei (de)	[klɛj]
carvão (m)	steenkool (de)	['stēn·kōl]

ferro (m)	ijzer (het)	['ɛjzər]
ouro (m)	goud (het)	['xaut]
prata (f)	zilver (het)	['zilvər]
níquel (m)	nikkel (het)	['nikəl]
cobre (m)	koper (het)	['kɔpər]

zinco (m)	zink (het)	[zink]
manganês (m)	mangaan (het)	[man'xān]
mercúrio (m)	kwik (het)	['kwik]
chumbo (m)	lood (het)	[lōt]

mineral (m)	mineraal (het)	[minə'rāl]
cristal (m)	kristal (het)	[kris'tal]
mármore (m)	marmer (het)	['marmər]
urânio (m)	uraan (het)	[ju'rān]

A Terra. Parte 2

133. Tempo

tempo (m)	weer (het)	[wēr]
previsão (f) do tempo	weersvoorspelling (de)	['wērs·vōr'spɛliŋ]
temperatura (f)	temperatuur (de)	[tɛmpəra'tūr]
termómetro (m)	thermometer (de)	['tɛrmɔmetər]
barómetro (m)	barometer (de)	['barɔ'metər]
húmido	vochtig	['vɔhtəx]
humidade (f)	vochtigheid (de)	['vɔhtixhɛjt]
calor (m)	hitte (de)	['hitə]
cálido	heet	[hēt]
está muito calor	het is heet	[ət is hēt]
está calor	het is warm	[ət is warm]
quente	warm	[warm]
está frio	het is koud	[ət is 'kaut]
frio	koud	['kaut]
sol (m)	zon (de)	[zɔn]
brilhar (vi)	schijnen	['sxɛjnən]
de sol, ensolarado	zonnig	['zɔnɛx]
nascer (vi)	opgaan	['ɔpxān]
pôr-se (vr)	ondergaan	['ɔndərxān]
nuvem (f)	wolk (de)	[wɔlk]
nublado	bewolkt	[bə'wɔlkt]
nuvem (f) preta	regenwolk (de)	['rexən·wɔlk]
escuro, cinzento	somber	['sɔmbər]
chuva (f)	regen (de)	['rexən]
está a chover	het regent	[ət 'rexənt]
chuvoso	regenachtig	['rexənaxtəx]
chuviscar (vi)	motregenen	['mɔtrexənən]
chuva (f) torrencial	plensbui (de)	['plɛnsbœy]
chuvada (f)	stortbui (de)	['stɔrt·bœy]
forte (chuva)	hard	[hart]
poça (f)	plas (de)	[plas]
molhar-se (vr)	nat worden	[nat 'wɔrdən]
nevoeiro (m)	mist (de)	[mist]
de nevoeiro	mistig	['mistəx]
neve (f)	sneeuw (de)	[snēw]
está a nevar	het sneeuwt	[ət 'snēwt]

134. Tempo extremo. Catástrofes naturais

trovoada (f)	noodweer (het)	['nɔtwer]
relâmpago (m)	bliksem (de)	['bliksəm]
relampejar (vi)	flitsen	['flitsən]
trovão (m)	donder (de)	['dɔndər]
trovejar (vi)	donderen	['dɔndərən]
está a trovejar	het dondert	[ət 'dɔndərt]
granizo (m)	hagel (de)	['haxəl]
está a cair granizo	het hagelt	[ət 'haxəlt]
inundar (vt)	overstromen	[ɔvər'strɔmən]
inundação (f)	overstroming (de)	[ɔvər'strɔmiŋ]
terremoto (m)	aardbeving (de)	['ārd·beviŋ]
abalo, tremor (m)	aardschok (de)	['ārd·sxɔk]
epicentro (m)	epicentrum (het)	[ɛpi'sɛntrʉm]
erupção (f)	uitbarsting (de)	['œytbarstiŋ]
lava (f)	lava (de)	['lava]
turbilhão (m)	wervelwind (de)	['wɛrvəl·vint]
tornado (m)	windhoos (de)	['windhōs]
tufão (m)	tyfoon (de)	[taj'fōn]
furacão (m)	orkaan (de)	[ɔr'kān]
tempestade (f)	storm (de)	[stɔrm]
tsunami (m)	tsunami (de)	[tsʉ'nami]
ciclone (m)	cycloon (de)	[si'klōn]
mau tempo (m)	onweer (het)	['ɔnwēr]
incêndio (m)	brand (de)	[brant]
catástrofe (f)	ramp (de)	[ramp]
meteorito (m)	meteoriet (de)	[meteɔ'rit]
avalanche (f)	lawine (de)	[la'winə]
deslizamento (m) de neve	sneeuwverschuiving (de)	['snēw·'fɛrsxœyviŋ]
nevasca (f)	sneeuwjacht (de)	['snēw·jaxt]
tempestade (f) de neve	sneeuwstorm (de)	['snēw·stɔrm]

Fauna

135. Mamíferos. Predadores

predador (m)	roofdier (het)	['rōf·dīr]
tigre (m)	tijger (de)	['tɛjxər]
leão (m)	leeuw (de)	[lēw]
lobo (m)	wolf (de)	[wɔlf]
raposa (f)	vos (de)	[vɔs]
jaguar (m)	jaguar (de)	['jaguar]
leopardo (m)	luipaard (de)	['lœypārt]
chita (f)	jachtluipaard (de)	['jaxt·lœypārt]
pantera (f)	panter (de)	['pantər]
puma (m)	poema (de)	['puma]
leopardo-das-neves (m)	sneeuwluipaard (de)	['snēw·lœypārt]
lince (m)	lynx (de)	[links]
coiote (m)	coyote (de)	[kɔ'jot]
chacal (m)	jakhals (de)	['jakhals]
hiena (f)	hyena (de)	[hi'ena]

136. Animais selvagens

animal (m)	dier (het)	[dīr]
besta (f)	beest (het)	[bēst]
esquilo (m)	eekhoorn (de)	['ēkhōrn]
ouriço (m)	egel (de)	['exəl]
lebre (f)	haas (de)	[hās]
coelho (m)	konijn (het)	[kɔ'nɛjn]
texugo (m)	das (de)	[das]
guaxinim (m)	wasbeer (de)	['wasbēr]
hamster (m)	hamster (de)	['hamstər]
marmota (f)	marmot (de)	[mar'mɔt]
toupeira (f)	mol (de)	[mɔl]
rato (m)	muis (de)	[mœys]
ratazana (f)	rat (de)	[rat]
morcego (m)	vleermuis (de)	['vlēr·mœys]
arminho (m)	hermelijn (de)	[hɛrmə'lɛjn]
zibelina (f)	sabeldier (het)	['sabəl·dīr]
marta (f)	marter (de)	['martər]
doninha (f)	wezel (de)	['wezəl]
vison (m)	nerts (de)	[nɛrts]

castor (m)	bever (de)	['bɛvər]
lontra (f)	otter (de)	['ɔtər]
cavalo (m)	paard (het)	[pãrt]
alce (m)	eland (de)	['ɛlant]
veado (m)	hert (het)	[hɛrt]
camelo (m)	kameel (de)	[ka'mēl]
bisão (m)	bizon (de)	[bi'zɔn]
auroque (m)	wisent (de)	['wīzɛnt]
búfalo (m)	buffel (de)	['bʉfəl]
zebra (f)	zebra (de)	['zɛbra]
antílope (m)	antilope (de)	[anti'lɔpə]
corça (f)	ree (de)	[rē]
gamo (m)	damhert (het)	['damhɛrt]
camurça (f)	gems (de)	[xɛms]
javali (m)	everzwijn (het)	['ɛvər·zwɛjn]
baleia (f)	walvis (de)	['walvis]
foca (f)	rob (de)	[rɔb]
morsa (f)	walrus (de)	['walrʉs]
urso-marinho (m)	zeebeer (de)	['zē·bēr]
golfinho (m)	dolfijn (de)	[dɔl'fɛjn]
urso (m)	beer (de)	[bēr]
urso (m) branco	ijsbeer (de)	['ɛjs·bēr]
panda (m)	panda (de)	['panda]
macaco (em geral)	aap (de)	[ãp]
chimpanzé (m)	chimpansee (de)	[ʃimpan'sē]
orangotango (m)	orang-oetan (de)	[ɔ'raŋ-utaŋ]
gorila (m)	gorilla (de)	[xɔ'rila]
macaco (m)	makaak (de)	[ma'kãk]
gibão (m)	gibbon (de)	['xibɔn]
elefante (m)	olifant (de)	['ɔlifant]
rinoceronte (m)	neushoorn (de)	['nøshōrn]
girafa (f)	giraffe (de)	[xi'rafə]
hipopótamo (m)	nijlpaard (het)	['nɛjl·pãrt]
canguru (m)	kangoeroe (de)	['kanxəru]
coala (m)	koala (de)	[kɔ'ala]
mangusto (m)	mangoest (de)	[man'xust]
chinchila (f)	chinchilla (de)	[ʃin'ʃila]
doninha-fedorenta (f)	stinkdier (het)	['stink·dīr]
porco-espinho (m)	stekelvarken (het)	['stekəl·'varkən]

137. Animais domésticos

gata (f)	poes (de)	[pus]
gato (m) macho	kater (de)	['katər]
cão (m)	hond (de)	[hɔnt]

cavalo (m)	paard (het)	[pārt]
garanhão (m)	hengst (de)	[hɛŋst]
égua (f)	merrie (de)	['mɛri]
vaca (f)	koe (de)	[ku]
touro (m)	bul, stier (de)	[bʉl], [stir]
boi (m)	os (de)	[ɔs]
ovelha (f)	schaap (het)	[sxāp]
carneiro (m)	ram (de)	[ram]
cabra (f)	geit (de)	[xɛjt]
bode (m)	bok (de)	[bɔk]
burro (m)	ezel (de)	['ezəl]
mula (f)	muilezel (de)	[mœʏlezəl]
porco (m)	varken (het)	['varkən]
leitão (m)	biggetje (het)	['bixətʃə]
coelho (m)	konijn (het)	[kɔ'nɛjn]
galinha (f)	kip (de)	[kip]
galo (m)	haan (de)	[hān]
pata (f)	eend (de)	[ēnt]
pato (macho)	woerd (de)	[wurt]
ganso (m)	gans (de)	[xans]
peru (m)	kalkoen haan (de)	[kal'kun hān]
perua (f)	kalkoen (de)	[kal'kun]
animais (m pl) domésticos	huisdieren	['hœʏs·'dīrən]
domesticado	tam	[tam]
domesticar (vt)	temmen, tam maken	['tɛmən], [tam 'makən]
criar (vt)	fokken	['fɔkən]
quinta (f)	boerderij (de)	[burdə'rɛj]
aves (f pl) domésticas	gevogelte (het)	[xə'vɔxəltə]
gado (m)	rundvee (het)	['runtvē]
rebanho (m), manada (f)	kudde (de)	['kʉdə]
estábulo (m)	paardenstal (de)	['pārdən·stal]
pocilga (f)	zwijnenstal (de)	['zwɛjnən·stal]
estábulo (m)	koeienstal (de)	['kujen·stal]
coelheira (f)	konijnenhok (het)	[kɔ'nɛjnən·hɔk]
galinheiro (m)	kippenhok (het)	['kipən·hɔk]

138. Pássaros

pássaro (m), ave (f)	vogel (de)	['vɔxəl]
pombo (m)	duif (de)	['dœʏf]
pardal (m)	mus (de)	[mʉs]
chapim-real (m)	koolmees (de)	['kōlmēs]
pega-rabuda (f)	ekster (de)	['ɛkstər]
corvo (m)	raaf (de)	[rāf]

gralha (f) cinzenta	kraai (de)	[krāj]
gralha-de-nuca-cinzenta (f)	kauw (de)	['kau]
gralha-calva (f)	roek (de)	[ruk]
pato (m)	eend (de)	[ēnt]
ganso (m)	gans (de)	[xans]
faisão (m)	fazant (de)	[fa'zant]
águia (f)	arend (de)	['arənt]
açor (m)	havik (de)	['havik]
falcão (m)	valk (de)	[valk]
abutre (m)	gier (de)	[xir]
condor (m)	condor (de)	['kɔndɔr]
cisne (m)	zwaan (de)	[zwān]
grou (m)	kraanvogel (de)	['krān·vɔxəl]
cegonha (f)	ooievaar (de)	['ōjevār]
papagaio (m)	papegaai (de)	[papə'xāj]
beija-flor (m)	kolibrie (de)	[kɔ'libri]
pavão (m)	pauw (de)	['pau]
avestruz (m)	struisvogel (de)	['strœys·vɔxəl]
garça (f)	reiger (de)	['rɛjxər]
flamingo (m)	flamingo (de)	[fla'mingɔ]
pelicano (m)	pelikaan (de)	[peli'kān]
rouxinol (m)	nachtegaal (de)	['nahtəxāl]
andorinha (f)	zwaluw (de)	['zwaluv]
tordo-zornal (m)	lijster (de)	['lɛjstər]
tordo-músico (m)	zanglijster (de)	[zaŋ·'lɛjstər]
melro-preto (m)	merel (de)	['merəl]
andorinhão (m)	gierzwaluw (de)	[xirz'waluw]
cotovia (f)	leeuwerik (de)	['lēwərik]
codorna (f)	kwartel (de)	['kwartəl]
pica-pau (m)	specht (de)	[spɛxt]
cuco (m)	koekoek (de)	['kukuk]
coruja (f)	uil (de)	['œyl]
corujão, bufo (m)	oehoe (de)	['uhu]
tetraz-grande (m)	auerhoen (het)	['auər·hun]
tetraz-lira (m)	korhoen (het)	['kɔrhun]
perdiz-cinzenta (f)	patrijs (de)	[pa'trɛjs]
estorninho (m)	spreeuw (de)	[sprēw]
canário (m)	kanarie (de)	[ka'nari]
galinha-do-mato (f)	hazelhoen (het)	['hazəlhun]
tentilhão (m)	vink (de)	[vink]
dom-fafe (m)	goudvink (de)	['xaudvink]
gaivota (f)	meeuw (de)	[mēw]
albatroz (m)	albatros (de)	[albatrɔs]
pinguim (m)	pinguïn (de)	['piŋgwin]

139. Peixes. Animais marinhos

brema (f)	brasem (de)	['brasəm]
carpa (f)	karper (de)	['karpər]
perca (f)	baars (de)	[bārs]
siluro (m)	meerval (de)	['mērval]
lúcio (m)	snoek (de)	[snuk]
salmão (m)	zalm (de)	[zalm]
esturjão (m)	steur (de)	['stør]
arenque (m)	haring (de)	['hariŋ]
salmão (m)	atlantische zalm (de)	[at'lantisə zalm]
cavala, sarda (f)	makreel (de)	[ma'krēl]
solha (f)	platvis (de)	['platvis]
lúcio perca (m)	snoekbaars (de)	['snukbārs]
bacalhau (m)	kabeljauw (de)	[kabə'ljau]
atum (m)	tonijn (de)	[tɔ'nɛjn]
truta (f)	forel (de)	[fɔ'rɛl]
enguia (f)	paling (de)	[pa'liŋ]
raia elétrica (f)	sidderrog (de)	['sidər·rɔx]
moreia (f)	murene (de)	[mʉ'rɛnə]
piranha (f)	piranha (de)	[pi'ranja]
tubarão (m)	haai (de)	[hāj]
golfinho (m)	dolfijn (de)	[dɔl'fɛjn]
baleia (f)	walvis (de)	['walvis]
caranguejo (m)	krab (de)	[krab]
medusa, alforreca (f)	kwal (de)	['kwal]
polvo (m)	octopus (de)	['ɔktɔpʉs]
estrela-do-mar (f)	zeester (de)	['zē·stər]
ouriço-do-mar (m)	zee-egel (de)	[zē-'exəl]
cavalo-marinho (m)	zeepaardje (het)	['zē·pārtjə]
ostra (f)	oester (de)	['ustər]
camarão (m)	garnaal (de)	[xar'nāl]
lavagante (m)	kreeft (de)	[krēft]
lagosta (f)	langoest (de)	[lan'xust]

140. Amfíbios. Répteis

serpente, cobra (f)	slang (de)	[slaŋ]
venenoso	giftig	['xiftəx]
víbora (f)	adder (de)	['adər]
cobra-capelo, naja (f)	cobra (de)	['kɔbra]
pitão (m)	python (de)	['pitɔn]
jiboia (f)	boa (de)	['bɔa]
cobra-de-água (f)	ringslang (de)	['riŋ·slaŋ]

cascavel (f)	ratelslang (de)	['ratəl·slaŋ]
anaconda (f)	anaconda (de)	[ana'kɔnda]
lagarto (m)	hagedis (de)	['haxədis]
iguana (f)	leguaan (de)	[lexʉ'ān]
varano (m)	varaan (de)	[va'rān]
salamandra (f)	salamander (de)	[sala'mandər]
camaleão (m)	kameleon (de)	[kamele'ɔn]
escorpião (m)	schorpioen (de)	[sxɔrpi'un]
tartaruga (f)	schildpad (de)	['sxildpat]
rã (f)	kikker (de)	['kikər]
sapo (m)	pad (de)	[pat]
crocodilo (m)	krokodil (de)	[krɔkɔ'dil]

141. Insetos

inseto (m)	insect (het)	[in'sɛkt]
borboleta (f)	vlinder (de)	['vlindər]
formiga (f)	mier (de)	[mir]
mosca (f)	vlieg (de)	[vlix]
mosquito (m)	mug (de)	[mʉx]
escaravelho (m)	kever (de)	['kevər]
vespa (f)	wesp (de)	[wɛsp]
abelha (f)	bij (de)	[bɛj]
mamangava (f)	hommel (de)	['hɔməl]
moscardo (m)	horzel (de)	['hɔrsəl]
aranha (f)	spin (de)	[spin]
teia (f) de aranha	spinnenweb (het)	['spinən·wɛb]
libélula (f)	libel (de)	[li'bɛl]
gafanhoto-do-campo (m)	sprinkhaan (de)	['sprinkhān]
traça (f)	nachtvlinder (de)	['naxt·'vlindər]
barata (f)	kakkerlak (de)	['kakərlak]
carraça (f)	teek (de)	[tēk]
pulga (f)	vlo (de)	[vlɔ]
borrachudo (m)	kriebelmug (de)	['kribəl·mʉx]
gafanhoto (m)	treksprinkhaan (de)	['trɛk·sprink'hān]
caracol (m)	slak (de)	[slak]
grilo (m)	krekel (de)	['krekəl]
pirilampo (m)	glimworm (de)	['xlim·wɔrm]
joaninha (f)	lieveheersbeestje (het)	[live'hērs·'bestʃə]
besouro (m)	meikever (de)	['mɛjkəvər]
sanguessuga (f)	bloedzuiger (de)	['blud·zœyxər]
lagarta (f)	rups (de)	[rʉps]
minhoca (f)	aardworm (de)	['ārd·wɔrm]
larva (f)	larve (de)	['larvə]

Flora

142. Árvores

árvore (f)	boom (de)	[bōm]
decídua	loof-	[lōf]
conífera	dennen-	['dɛnən]
perene	groenblijvend	[xrun 'blɛjvənt]
macieira (f)	appelboom (de)	['apəl·bōm]
pereira (f)	perenboom (de)	['perən·bōm]
cerejeira (f)	zoete kers (de)	['zutə kɛrs]
ginjeira (f)	zure kers (de)	['zʉrə kɛrs]
ameixeira (f)	pruimelaar (de)	[prœymə·lār]
bétula (f)	berk (de)	[bɛrk]
carvalho (m)	eik (de)	[ɛjk]
tília (f)	linde (de)	['lində]
choupo-tremedor (m)	esp (de)	[ɛsp]
bordo (m)	esdoorn (de)	['ɛsdōrn]
espruce-europeu (m)	spar (de)	[spar]
pinheiro (m)	den (de)	[dɛn]
alerce, lariço (m)	lariks (de)	['lariks]
abeto (m)	zilverspar (de)	['zilvər·spar]
cedro (m)	ceder (de)	['sedər]
choupo, álamo (m)	populier (de)	[popʉ'lir]
tramazeira (f)	lijsterbes (de)	['lɛjstərbɛs]
salgueiro (m)	wilg (de)	[wilx]
amieiro (m)	els (de)	[ɛls]
faia (f)	beuk (de)	['bøk]
ulmeiro (m)	iep (de)	[jep]
freixo (m)	es (de)	[ɛs]
castanheiro (m)	kastanje (de)	[kas'tanjə]
magnólia (f)	magnolia (de)	[mah'nɔlija]
palmeira (f)	palm (de)	[palm]
cipreste (m)	cipres (de)	[sip'rɛs]
mangue (m)	mangrove (de)	[man'xrɔvə]
embondeiro, baobá (m)	baobab (de)	['baɔbap]
eucalipto (m)	eucalyptus (de)	[øka'liptʉs]
sequoia (f)	mammoetboom (de)	[ma'mut·bōm]

143. Arbustos

arbusto (m)	struik (de)	['strœyk]
arbusto (m), moita (f)	heester (de)	['hēstər]

videira (f)	wijnstok (de)	['wɛjn·stɔk]
vinhedo (m)	wijngaard (de)	['wɛjnxārt]
framboeseira (f)	frambozenstruik (de)	[fram'bɔsən·'strœyk]
groselheira-preta (f)	zwarte bes (de)	['zwartə bɛs]
groselheira-vermelha (f)	rode bessenstruik (de)	['rɔdə 'bɛsən·strœyk]
groselheira (f) espinhosa	kruisbessenstruik (de)	['krœys·'bɛsənstrœyk]
acácia (f)	acacia (de)	[a'kaɕia]
bérberis (f)	zuurbes (de)	['zūr·bɛs]
jasmim (m)	jasmijn (de)	[jas'mɛjn]
junípero (m)	jeneverbes (de)	[je'nɛvərbɛs]
roseira (f)	rozenstruik (de)	['rɔzən·strœyk]
roseira (f) brava	hondsroos (de)	['hund·rōs]

144. Frutos. Bagas

fruta (f)	vrucht (de)	[vrʉxt]
frutas (f pl)	vruchten	['vrʉxtən]
maçã (f)	appel (de)	['apəl]
pera (f)	peer (de)	[pēr]
ameixa (f)	pruim (de)	['prœym]
morango (m)	aardbei (de)	['ārd·bɛj]
ginja (f)	zure kers (de)	['zʉrə kɛrs]
cereja (f)	zoete kers (de)	['zutə kɛrs]
uva (f)	druif (de)	[drœyf]
framboesa (f)	framboos (de)	[fram'bōs]
groselha (f) preta	zwarte bes (de)	['zwartə bɛs]
groselha (f) vermelha	rode bes (de)	['rɔdə bɛs]
groselha (f) espinhosa	kruisbes (de)	['krœysbɛs]
oxicoco (m)	veenbes (de)	['vēnbɛs]
laranja (f)	sinaasappel (de)	['sināsapəl]
tangerina (f)	mandarijn (de)	[manda'rɛjn]
ananás (m)	ananas (de)	['ananas]
banana (f)	banaan (de)	[ba'nān]
tâmara (f)	dadel (de)	['dadəl]
limão (m)	citroen (de)	[si'trun]
damasco (m)	abrikoos (de)	[abri'kōs]
pêssego (m)	perzik (de)	['pɛrzik]
kiwi (m)	kiwi (de)	['kiwi]
toranja (f)	grapefruit (de)	['grepfrut]
baga (f)	bes (de)	[bɛs]
bagas (f pl)	bessen	['bɛsən]
arando (m) vermelho	vossenbes (de)	['vɔsənbɛs]
morango-silvestre (m)	bosaardbei (de)	[bɔs·ārdbɛj]
mirtilo (m)	blauwe bosbes (de)	['blauə 'bɔsbɛs]

145. Flores. Plantas

flor (f)	bloem (de)	[blum]
ramo (m) de flores	boeket (het)	[bu'kɛt]
rosa (f)	roos (de)	[rōs]
tulipa (f)	tulp (de)	[tʉlp]
cravo (m)	anjer (de)	['anjer]
gladíolo (m)	gladiool (de)	[xladi'ōl]
centáurea (f)	korenbloem (de)	['korənblum]
campânula (f)	klokje (het)	['klɔkjə]
dente-de-leão (m)	paardenbloem (de)	['pārdən·blum]
camomila (f)	kamille (de)	[ka'milə]
aloé (m)	aloë (de)	[a'lɔe]
cato (m)	cactus (de)	['kaktʉs]
fícus (m)	ficus (de)	['fikʉs]
lírio (m)	lelie (de)	['leli]
gerânio (m)	geranium (de)	[xə'ranijum]
jacinto (m)	hyacint (de)	[hia'sint]
mimosa (f)	mimosa (de)	[mi'mɔza]
narciso (m)	narcis (de)	[nar'sis]
capuchinha (f)	Oost-Indische kers (de)	[ōst·'indisə kɛrs]
orquídea (f)	orchidee (de)	[ɔrxi'dē]
peónia (f)	pioenroos (de)	[pi'un·rōs]
violeta (f)	viooltje (het)	[vi'jōltʃə]
amor-perfeito (m)	driekleurig viooltje (het)	[dri'klørəx vi'ōltʃə]
não-me-esqueças (m)	vergeet-mij-nietje (het)	[vər'xēt-mɛj-'nitʃə]
margarida (f)	madeliefje (het)	[madɛ'lifʲə]
papoula (f)	papaver (de)	[pa'pavər]
cânhamo (m)	hennep (de)	['hɛnəp]
hortelã (f)	munt (de)	[mʉnt]
lírio-do-vale (m)	lelietje-van-dalen (het)	['leljetʃe-van-'dalən]
campânula-branca (f)	sneeuwklokje (het)	['snēw·'klɔkjə]
urtiga (f)	brandnetel (de)	['brant·netəl]
azeda (f)	veldzuring (de)	[vɛlt·'tsʉriŋ]
nenúfar (m)	waterlelie (de)	['watər·leli]
feto (m), samambaia (f)	varen (de)	['varən]
líquen (m)	korstmos (het)	['kɔrstmɔs]
estufa (f)	oranjerie (de)	[ɔranʒɛ'ri]
relvado (m)	gazon (het)	[xa'zɔn]
canteiro (m) de flores	bloemperk (het)	['blum·pɛrk]
planta (f)	plant (de)	[plant]
erva (f)	gras (het)	[xras]
folha (f) de erva	grassppriet (de)	['xras·sprit]

folha (f)	blad (het)	[blat]
pétala (f)	bloemblad (het)	['blum·blat]
talo (m)	stengel (de)	['stɛŋəl]
tubérculo (m)	knol (de)	[knɔl]

| broto, rebento (m) | scheut (de) | [sxøt] |
| espinho (m) | doorn (de) | [dōrn] |

florescer (vi)	bloeien	['blujən]
murchar (vi)	verwelken	[vər'wɛlkən]
cheiro (m)	geur (de)	[xør]
cortar (flores)	snijden	['snɛjdən]
colher (uma flor)	plukken	['plʉkən]

146. Cereais, grãos

grão (m)	graan (het)	[xrān]
cereais (plantas)	graangewassen	['xrān·xɛ'wasən]
espiga (f)	aar (de)	[ār]

trigo (m)	tarwe (de)	['tarwə]
centeio (m)	rogge (de)	['rɔxə]
aveia (f)	haver (de)	['havər]
milho-miúdo (m)	gierst (de)	[xirst]
cevada (f)	gerst (de)	[xɛrst]

milho (m)	maïs (de)	[majs]
arroz (m)	rijst (de)	[rɛjst]
trigo-sarraceno (m)	boekweit (de)	['bukwɛjt]

ervilha (f)	erwt (de)	[ɛrt]
feijão (m)	nierboon (de)	['nir·bōn]
soja (f)	soja (de)	['sɔja]
lentilha (f)	linze (de)	['linzə]
fava (f)	bonen	['bɔnən]

PAÍSES. NACIONALIDADES

147. Europa Ocidental

Europa (f)	Europa (het)	[ø'rɔpa]
União (f) Europeia	Europese Unie (de)	[ørɔ'pezə 'juni]
Áustria (f)	Oostenrijk (het)	['ōstənrɛjk]
Grã-Bretanha (f)	Groot-Brittannië (het)	[xrōt-bri'taniə]
Inglaterra (f)	Engeland (het)	['ɛŋɛlant]
Bélgica (f)	België (het)	['bɛlxiə]
Alemanha (f)	Duitsland (het)	['dœʏtslant]
Países (m pl) Baixos	Nederland (het)	['nedərlant]
Holanda (f)	Holland (het)	['hɔlant]
Grécia (f)	Griekenland (het)	['xrikənlant]
Dinamarca (f)	Denemarken (het)	['denəmarkən]
Irlanda (f)	Ierland (het)	['īrlant]
Islândia (f)	IJsland (het)	['ɛjslant]
Espanha (f)	Spanje (het)	['spanjə]
Itália (f)	Italië (het)	[i'taliə]
Chipre (m)	Cyprus (het)	['siprʉs]
Malta (f)	Malta (het)	['malta]
Noruega (f)	Noorwegen (het)	['nōrwexən]
Portugal (m)	Portugal (het)	[portʉxal]
Finlândia (f)	Finland (het)	['finlant]
França (f)	Frankrijk (het)	['frankrɛjk]
Suécia (f)	Zweden (het)	['zwedən]
Suíça (f)	Zwitserland (het)	['zwitsərlant]
Escócia (f)	Schotland (het)	['sxɔtlant]
Vaticano (m)	Vaticaanstad (de)	[vati'kān·stat]
Liechtenstein (m)	Liechtenstein (het)	['lixtɛnstɛjn]
Luxemburgo (m)	Luxemburg (het)	['lʉksɛmbʉrx]
Mónaco (m)	Monaco (het)	[mɔ'nakɔ]

148. Europa Central e de Leste

Albânia (f)	Albanië (het)	[al'baniə]
Bulgária (f)	Bulgarije (het)	[bʉlxa'rɛjə]
Hungria (f)	Hongarije (het)	[hɔnxa'rɛjə]
Letónia (f)	Letland (het)	['lɛtlant]
Lituânia (f)	Litouwen (het)	[li'tauən]
Polónia (f)	Polen (het)	['pɔlən]

Roménia (f)	Roemenië (het)	[ru'meniə]
Sérvia (f)	Servië (het)	['sɛrviə]
Eslováquia (f)	Slowakije (het)	[slɔwa'kɛjə]

Croácia (f)	Kroatië (het)	[krɔ'asiə]
República (f) Checa	Tsjechië (het)	['tʃɛxiə]
Estónia (f)	Estland (het)	['ɛstlant]

Bósnia e Herzegovina (f)	Bosnië en Herzegovina (het)	['bɔsniə ən hɛrzə'xɔvina]
Macedónia (f)	Macedonië (het)	[make'dɔniə]
Eslovénia (f)	Slovenië (het)	[slɔ'vɛniə]
Montenegro (m)	Montenegro (het)	[mɔntə'nɛxrɔ]

149. Países da ex-URSS

| Azerbaijão (m) | Azerbeidzjan (het) | [azərbej'dʒan] |
| Arménia (f) | Armenië (het) | [ar'meniə] |

Bielorrússia (f)	Wit-Rusland (het)	[wit-'rʉslant]
Geórgia (f)	Georgië (het)	[xe'ɔrxiə]
Cazaquistão (m)	Kazakstan (het)	[kazak'stan]
Quirguistão (m)	Kirgizië (het)	[kir'xiziə]
Moldávia (f)	Moldavië (het)	[mɔl'daviə]

| Rússia (f) | Rusland (het) | ['rʉslant] |
| Ucrânia (f) | Oekraïne (het) | [ukra'inə] |

Tajiquistão (m)	Tadzjikistan (het)	[ta'dʒikistan]
Turquemenistão (m)	Turkmenistan (het)	[tʉrk'menistan]
Uzbequistão (f)	Oezbekistan (het)	[uz'bekistan]

150. Asia

Ásia (f)	Azië (het)	['āzijə]
Vietname (m)	Vietnam (het)	[vjet'nam]
Índia (f)	India (het)	['india]
Israel (m)	Israël (het)	['israɛl]

China (f)	China (het)	['ʃina]
Líbano (m)	Libanon (het)	['libanɔn]
Mongólia (f)	Mongolië (het)	[mɔn'xɔliə]

| Malásia (f) | Maleisië (het) | [ma'lɛjziə] |
| Paquistão (m) | Pakistan (het) | ['pakistan] |

Arábia (f) Saudita	Saoedi-Arabië (het)	[sa'udi-a'rabiə]
Tailândia (f)	Thailand (het)	['tailant]
Taiwan (m)	Taiwan (het)	[taj'wan]
Turquia (f)	Turkije (het)	[tʉr'kɛjə]
Japão (m)	Japan (het)	[ja'pan]
Afeganistão (m)	Afghanistan (het)	[af'xanistan]

Bangladesh (m)	Bangladesh (het)	[banhlaˈdɛʃ]
Indonésia (f)	Indonesië (het)	[indɔˈnɛsiə]
Jordânia (f)	Jordanië (het)	[jorˈdaniə]

Iraque (m)	Irak (het)	[iˈrak]
Irão (m)	Iran (het)	[iˈran]
Camboja (f)	Cambodja (het)	[kamˈbɔdja]
Kuwait (m)	Koeweit (het)	[kuˈwɛjt]

Laos (m)	Laos (het)	[ˈlaɔs]
Myanmar (m), Birmânia (f)	Myanmar (het)	[ˈmjanmar]
Nepal (m)	Nepal (het)	[neˈpal]
Emirados Árabes Unidos	Verenigde Arabische Emiraten	[vəˈrɛnixdə aˈrabisə ɛmiˈratən]

Síria (f)	Syrië (het)	[ˈsiriə]
Palestina (f)	Palestijnse autonomie (de)	[paleˈstɛjnsə autɔnɔˈmi]
Coreia do Sul (f)	Zuid-Korea (het)	[ˈzœyd-kɔˈrea]
Coreia do Norte (f)	Noord-Korea (het)	[nōrd-kɔˈrea]

151. América do Norte

Estados Unidos da América	Verenigde Staten van Amerika	[vəˈrɛnixdə ˈstatən van aˈmerika]
Canadá (m)	Canada (het)	[ˈkanada]
México (m)	Mexico (het)	[ˈmeksikɔ]

152. América Central do Sul

Argentina (f)	Argentinië (het)	[arxɛnˈtiniə]
Brasil (m)	Brazilië (het)	[braˈziliə]
Colômbia (f)	Colombia (het)	[kɔˈlɔmbia]
Cuba (f)	Cuba (het)	[ˈkʉba]
Chile (m)	Chili (het)	[ˈʃili]

| Bolívia (f) | Bolivia (het) | [bɔˈlivia] |
| Venezuela (f) | Venezuela (het) | [venəzʉˈɛla] |

| Paraguai (m) | Paraguay (het) | [ˈparagvaj] |
| Peru (m) | Peru (het) | [peˈru] |

Suriname (m)	Suriname (het)	[sʉriˈnamə]
Uruguai (m)	Uruguay (het)	[ˈurugvaj]
Equador (m)	Ecuador (het)	[ɛkwaˈdɔr]

| Bahamas (f pl) | Bahama's | [baˈhamas] |
| Haiti (m) | Haïti (het) | [haˈiti] |

| República (f) Dominicana | Dominicaanse Republiek (de) | [dɔminiˈkānsə repʉˈblik] |

| Panamá (m) | Panama (het) | [ˈpanama] |
| Jamaica (f) | Jamaica (het) | [jaˈmajka] |

153. Africa

Egito (m)	Egypte (het)	[ɛ'xiptə]
Marrocos	Marokko (het)	[ma'rɔkɔ]
Tunísia (f)	Tunesië (het)	[tʉ'nɛziə]
Gana (f)	Ghana (het)	['xana]
Zanzibar (m)	Zanzibar (het)	['zanzibar]
Quénia (f)	Kenia (het)	['kenia]
Líbia (f)	Libië (het)	['libiə]
Madagáscar (m)	Madagaskar (het)	[mada'xaskar]
Namíbia (f)	Namibië (het)	[na'mibiə]
Senegal (m)	Senegal (het)	[senexal]
Tanzânia (f)	Tanzania (het)	[tan'zania]
África do Sul (f)	Zuid-Afrika (het)	['zœyd-'afrika]

154. Austrália. Oceania

Austrália (f)	Australië (het)	[ɔu'straliə]
Nova Zelândia (f)	Nieuw-Zeeland (het)	[niu-'zēlant]
Tasmânia (f)	Tasmanië (het)	[taz'maniə]
Polinésia Francesa (f)	Frans-Polynesië	[frans-pɔli'nɛziə]

155. Cidades

Amesterdão	Amsterdam	[amstɛr'dam]
Ancara	Ankara	[ankara]
Atenas	Athene	[a'tenə]
Bagdade	Bagdad	[bax'dat]
Banguecoque	Bangkok	['baŋkɔk]
Barcelona	Barcelona	[barse'lɔna]
Beirute	Beiroet	['bɛjrut]
Berlim	Berlijn	[bɛr'lɛjn]
Bombaim	Bombay, Mumbai	[bɔm'bɛj], [mumbaj]
Bona	Bonn	[bɔn]
Bordéus	Bordeaux	[bɔr'dɔ]
Bratislava	Bratislava	[brati'slava]
Bruxelas	Brussel	['brʉsɛl]
Bucareste	Boekarest	[buka'rɛst]
Budapeste	Boedapest	[buda'pɛst]
Cairo	Caïro	[ka'irɔ]
Calcutá	Calcutta	[kal'kʉta]
Chicago	Chicago	[ɕi'kagɔ]
Cidade do México	Mexico-Stad	['meksikɔ-stat]
Copenhaga	Kopenhagen	[kɔpən'haxən]
Dar es Salaam	Dar Es Salaam	[dar ɛs sa'lām]

Português	Holandês	IPA
Deli	Delhi	['dɛlhi]
Dubai	Dubai	[dʉ'bai]
Dublin, Dublim	Dublin	['dʉblin]
Düsseldorf	Düsseldorf	[dʉsəl'dɔrf]
Estocolmo	Stockholm	[stɔk'hɔlm]
Florença	Florence	[flɔ'rans]
Frankfurt	Frankfort	['frankfʉrt]
Genebra	Genève	[ʒe'nɛvə]
Haia	Den Haag	[dɛn hãx]
Hamburgo	Hamburg	['hambʉrx]
Hanói	Hanoi	[ha'nɔj]
Havana	Havana	[ha'vana]
Helsínquia	Helsinki	['hɛlsinki]
Hiroshima	Hiroshima	[hirɔ'ʃima]
Hong Kong	Hongkong	[hɔŋ'kɔŋ]
Istambul	Istanbul	[istan'bul]
Jerusalém	Jeruzalem	[jeruza'lɛm]
Kiev	Kiev	['kiev]
Kuala Lumpur	Kuala Lumpur	[kʉ'ala 'lʉmpʉr]
Lisboa	Lissabon	['lisabɔn]
Londres	Londen	['lɔndən]
Los Angeles	Los Angeles	[lɔs 'andʒələs]
Lion	Lyon	[li'ɔn]
Madrid	Madrid	[mad'rit]
Marselha	Marseille	[mar'sɛjə]
Miami	Miami	[ma'jami]
Montreal	Montreal	[mɔntrɛ'al]
Moscovo	Moskou	['mɔskau]
Munique	München	['mʉnxən]
Nairóbi	Nairobi	[naj'rɔbi]
Nápoles	Napels	['napɛls]
Nice	Nice	[nis]
Nova York	New York	[nʉ jork]
Oslo	Oslo	['ɔslɔ]
Ottawa	Ottawa	['ɔtawa]
Paris	Parijs	[pa'rɛjs]
Pequim	Peking	['pekiŋ]
Praga	Praag	[prãx]
Rio de Janeiro	Rio de Janeiro	[riɔ də ʒa'nɛjrɔ]
Roma	Rome	['rɔmə]
São Petersburgo	Sint-Petersburg	[sint-'petərsbʉrx]
Seul	Seoel	[sɛ'ul]
Singapura	Singapore	[sinxa'pɔrə]
Sydney	Sydney	['sidnɛj]
Taipé	Taipei	[taj'pɛj]
Tóquio	Tokio	['tɔkiɔ]
Toronto	Toronto	[tɔ'rɔntɔ]
Varsóvia	Warschau	['warʃʌu]

Veneza	**Venetië**	[vɛ'nɛtsiə]
Viena	**Wenen**	['wenən]
Washington	**Washington**	['waʃingtɔn]
Xangai	**Sjanghai**	[ɕan'xaj]

www.ingramcontent.com/pod-product-compliance
Lightning Source LLC
Chambersburg PA
CBHW070554050426
42450CB00011B/2868